APRENDER
con
éxito

DAVID SOLÁ MESTRES

APRENDER
con
éxito

recursos
EDICIONES

RECURSOS Ediciones
Apdo. 23022
08080 Barcelona

www.recursosediciones.com
info@recursosediciones.com
comcrea@teleline.es

APRENDER CON ÉXITO

1ª edición: noviembre 2002

Depósito Legal: B. 46.848 - 2002

ISBN: 84-89984-07-7

Impreso por Romanyà/Valls, S.A.
Verdaguer, 1
08786 Capellades (Barcelona) - *Spain*

Índice

¿Sabes aprender?

Tómate unos minutos para reflexionar sobre estas cuestiones, hazlo con honestidad y tendrás una idea de lo que este libro puede hacer por ti.

¿Disfrutas estudiando?

¿Te distraes con facilidad cuando lees o estudias?

¿Te cansas pronto cuando te pones a estudiar?

¿Tienes la sensación de dominar las asignaturas durante el curso?

¿Sueles pensar que vas bien y luego suspendes el examen?

¿Comprendes bien las explicaciones de los profesores?

¿Tienes que leer más de dos veces los textos de estudio?

¿Te encuentras tranquilo y confiado antes de los exámenes?

¿Te son muy difíciles las asignaturas de ciencias, por ejemplo, las matemáticas?

¿Estudias con la televisión conectada?

¿Tus apuntes registran todo lo importante que ha explicado el profesor?

¿Tienes establecido un programa de repasos?

¿Tienes un tiempo regular de estudio diariamente?

¿Comprendes bien un texto en la primera lectura?

¿Sabes la diferencia entre un estudiante activo y pasivo?

¿Conoces las técnicas de subrayado?

¿Sabes que hacer para no olvidar lo que aprendes?

¿Sabes hacer varios tipos de esquemas, resúmenes y demás instrumentos de asimilación?

¿Sabes cómo enfrentarte a un examen sacando el máximo partido de tus capacidades?

¿Te resultan muy difíciles las asignaturas de lenguas? (inglés)

¿Sabes cómo preparar un examen con la seguridad de sacar nota?

¿Sabes discriminar entre lo importante y lo secundario en cualquier exposición?

¿Sabes cómo funciona nuestra mente a la hora de asimilar la información?

¿Te son muy difíciles las asignaturas de letras, por ejemplo, sociales?

¿Dejas para última hora la realización de los trabajos?

¿Eres de los que no vuelven a mirarse los apuntes hasta la semana antes del examen?

¿Sabes qué hacer para no olvidar ni confundir lo que aprendes?

¿Consultas otros libros además del de texto?

¿Sabes cómo controlar tu progreso de asimilación de las asignaturas?

¿Sabes cómo eliminar la tensión y la ansiedad propia del curso?

¿Conoces los recursos y técnicas para tener una memoria prodigiosa?

¿Sabes generar recursos cuando una asignatura se te resiste?

¿Sabes mantener vivo el interés por las diferentes asignaturas?

¿Conoces tu capacidad mental de trabajo y sabes dosificarla para no fatigarte?

¿Eres un oyente pasivo o activo?

¿Tienes horarios establecidos para el estudio?

¿Llevas un conocimiento equilibrado conforme avanza el curso?

¿Sabes con seguridad al principio del curso que sacarás buenas notas en los exámenes?

¿Estudias siguiendo un programa personal?

¿Sabes cómo sacar el 100% de rendimiento en las clases?

¿Tienes claro el por qué estas estudiando?

¿Estudias en un lugar tranquilo y cómodo para ti?

¿Las condiciones en las que estudias son adecuadas? (espacio, luz, etc.)

¿Confías en tus capacidades?

¿Tienes los medios necesarios para estudiar?

¿Tienes elementos que te distraen a la hora de estudiar?

¿Te cuesta mucho concentrarte en el estudio?

¿Consigues notables o excelentes en las pruebas y exámenes?

¿Sabes reflexionar sobre lo que lees o escuchas?

¿Sabes cómo desarrollar de forma natural la memoria?

¿Puedes recordar una lista de cien palabras de la primera a la última y al revés sin equivocarte y leyéndolas una sola vez?

¿Puntúas alto en los trabajos de investigación?

¿Puedes memorizar esquemas con precisión?

¿Cometes muchos errores en las asignaturas de lenguas?

¿Tienes la sensación de que el estudio no es lo tuyo?

¿Puedes recordar con precisión cualquier imagen que veas?

¿Sabes la diferencia entre un lector activo y pasivo?

¿Recuerdas fácilmente números y fórmulas?

¿Sabes trabajar con tu imaginación para ser una persona muy creativa?

¿Conoces las reglas generales para la solución de problemas?

¿Te gustaría duplicar o triplicar tu velocidad de lectura?

¿Sabes explicar las cosas de forma estructurada?

¿Sabes cómo usar tu mente para recuperar los conocimientos que necesitas?

¿Sabes la diferencia entre memorizar y aprender?

Una máquina asombrosa

Físicamente, puede parecer poca cosa. Su peso es ligeramente superior a un kilogramo. Es en extremo delicada, pero probablemente es la propiedad más valiosa del ser humano. Contiene miles de millones de neuronas y su capacidad operativa está fuera del alcance de nuestra comprensión.

Generalmente se compara con una computadora por algunas de sus características comunes. Una de ellas está relacionada con los dos elementos básicos que la componen: el equipo y los programas de funcionamiento.

La persona posee la única computadora que genera sus propios programas (mente) a partir de su componente físico inicial (cerebro). El cerebro comienza a ser alimentado desde el nacimiento con estímulos de todo tipo, los cuales, aumentan de una forma desmesuradamente grande la cantidad de información almacenada en el inconsciente (disco duro). A su vez, el cerebro va multiplicando a medida que crece, la capacidad de interconexión de sus neuronas entre sí. Este hecho produce como resultado, un aumento geométrico de su capacidad de procesamiento, alcanzando a constituir una red de varios millones de millones de unidades. Esta red, se encuentra organizada en vastos sistemas de centenares de millones de células que funcionan e interactúan de manera simultánea.

La mente es el ordenador más complejo que nunca ningún científico podrá construir. En él está todo lo que sabemos sobre el mundo. Cuenta con todos los programas de las conductas que realizamos, toda la información genética, así como la que va acumulando a lo largo de la vida que permanece sin desaparecer. Hasta ahora, con esa máquina, el ser humano ha ido evolucionando a través del tiempo realizando un sin fin de descubrimientos y conquistas. Ha convertido en realidad lo que hace unos años sólo era ciencia ficción. Nadie sabe dónde puede estar el límite.

¿Dónde está el problema?

Somos realmente afortunados, tenemos una mente maravillosa. Pero hay muchos que sufren fracasos, decepciones, crean conflictos, se desesperan, viven y actúan por debajo de sus posibilidades a causa de no tener la facilidad y habilidades que otros poseen para las cuestiones intelectuales. Aun así, seguimos teniendo una mente maravillosa. Es necesario que tomemos conciencia de este hecho antes de que intentemos manejar su potencial. A la persona que le cuesta creerlo, que siempre se está quejando de su mala memoria, o de lo torpe que es, le será muy difícil disfrutar de esta máquina asombrosa.

Una de las causas que privan de beneficiarse del potencial de nuestra mente, se encuentra sin duda en la forma de usarla. Todos podemos comprobar cómo un simple lápiz puesto en las manos de un artista es capaz de crear preciosas imágenes, mientras que en manos de un inexperto no pasará de hacer torpes figuras en el papel. El lápiz es el mismo en ambos casos, pero no es usado del mismo modo.

Cuando un niño recibe formación, él está desarrollando diferentes facultades mentales a la vez que va asimilando conocimientos. Si el mismo niño no tuviera la oportunidad de ser instruido, su vida sería con toda seguridad muy distinta, ya que no podría beneficiarse de su potencial mental.

Dos principios fundamentales

Las mentes humanas no son uniformes

En un grupo de personas con el mismo nivel de desarrollo intelectual encontraremos con toda seguridad diferente grado de facilidad para la ejecución de determinadas habilidades. Así en la sociedad pueden servirse unos de otros para el bienestar común. No todos están igualmente capacitados genéticamente para realizar las mismas actividades a nivel físico, emocional o intelectual. Esto implica el poner atención para conocer y potenciar los aspectos personales en los que estamos más dotados y escoger las actividades con las que más nos identificamos.

El adiestramiento adecuado hace maestros

En cualquier profesión o actividad, la teoría unida a la práctica convierte a los aprendices en ejecutivos competentes. El conocer sistemas, métodos, procedimientos o recursos para mejorar el desarrollo y rendimiento intelectual aplicándolos a nuestras actividades habituales, nos permiten tener éxito donde antes habíamos fracasado, ejercer un nivel más elevado de eficacia, ganar en autoestima y eliminar estrés.

Un programa para desarrollar el potencial de la mente

Después de lo dicho, la pregunta sería: ¿Cómo hay que hacer para poder aprovecharnos de este magnífico tesoro que llevamos con nosotros?

Precisamente el objetivo de este libro pone a disposición del lector la metodología necesaria para poder desarrollar el potencial latente en cada uno de nosotros.

Los principios y pautas que se exponen son perfectamente aplicables para distintas edades y diferentes características individuales. Seguramente, para unos será más provechoso que para otros, pero en todo caso, la experiencia ha demostrado producir resultados muy positivos.

Como verás a continuación, la exposición se ha estructurado en seis apartados temáticos que constituyen un completo programa de desarrollo intelectual:

El aprendizaje

Desde que nacemos estamos aprendiendo cosas para poder sobrevivir y adaptarnos a la sociedad, para ello debemos desarrollar nuestros potenciales. Los buenos aprendizajes facilitarán el proceso y los deficientes lo dificultarán.

Las carencias que se producen en los primeros años suelen arrastrarse y condicionar los aprendizajes posteriores. No se puede perder de vista que el aprendizaje es un proceso acumulativo.

Conocer los principios que determinan un buen aprendizaje y saber llevarlos a la práctica, dotará a cualquier persona de una preciosa facultad que no solo redundará en un rendimiento óptimo, sino también en el disfrute de una gran motivación y satisfacción por lo que realice.

Desarrollo de la memoria

Muchas personas se quejan de su mala memoria a causa de no retener lo que aprenden. Otros consiguen mantener el recuerdo por algún tiempo, pero les resulta difícil servirse del mismo más adelante. El uso eficaz de la memoria responde perfectamente a unas técnicas que se han fundamentado en el mejor conocimiento del funcionamiento de nuestra mente.

Pocas veces técnicas tan simples pueden producir resultados tan espectaculares como las que se presentan en este apartado.

La creatividad

No está reservada para unos pocos privilegiados, más bien es

una facultad que está al alcance de todos. Todas las facultades mentales son susceptibles de desarrollo si se conoce el método para poderlo hacer. Ser creativo significa poder encontrar nuevas formas de hacer las cosas, y este hecho puede ser realmente trascendente en la vida de cualquier persona.

La lectura eficiente

Nos encontramos en un momento histórico en que saber leer no es suficiente para no quedarse descolgado de la marcha que sigue el mundo y la sociedad. En cualquier programa de estudios o profesión es necesario manejar mucha información.

Organización del trabajo

Los buenos hábitos de estudio y la organización del trabajo suelen marcar la diferencia entre el éxito y el fracaso de muchos estudiantes. A la mente le resulta bastante difícil la asimilación de los conocimientos cuando éstos se trabajan de forma anárquica y sin método.

Control emocional

Las emociones, los estados de ánimo y las tensiones influyen poderosamente en el rendimiento intelectual. Los procesos mentales necesitan para su buen funcionamiento la armonía interior. La ansiedad es inversamente proporcional a la concentración y a la recuperación de la información.

¿Algún motivo para seguir con el libro?

No tiene sentido vivir por debajo de nuestras posibilidades cuando sabemos que hay un camino que nos eleva a un nivel más alto de rendimiento.

Sería similar a tener un automóvil potente en el que sólo utilizamos las marchas cortas, no importa que circulemos por la autopista, seguimos utilizando las marchas cortas porque son las únicas que nos han enseñado a utilizar. El consumo será mucho más elevado, el tiempo invertido en el viaje bastante más del necesario. Es lastimoso disponer de tan buena máquina y tenerla infrautilizada.

Rendir más no significa esforzarse más cuando hablamos de la mente. Todo lo contrario, cuanto más esfuerzo mental realizamos, más pronto viene el cansancio y el bloqueo. Pero con las técnicas que se exponen en este libro, comprobaremos que el trabajo intelectual es mucho más natural, que con menos esfuerzo y dedicación hay más rendimiento, y que se requieren menos repeticiones y horas de estudio para rendir mucho mejor.

Se trata de educar nuestra mente a procesar la información de una forma más científica y racional. Desde pequeños nos han enseñado lo básico para interactuar con la información, pero ahora se trata de conseguir la excelencia.

Por ejemplo. Muchos alumnos explican con desánimo que leen repetidas veces un texto sin llegar a comprenderlo y mucho menos aún memorizar las ideas importantes.

Siguiendo las instrucciones de este libro, el alumno sólo necesita leer una vez el texto para comprenderlo y recordarlo perfectamente el tiempo necesario.

¿Comprendes con facilidad?

La comprensión es el proceso mental por el cual entendemos el significado de las informaciones que recibimos. Aunque puede dar la impresión de ser algo simple, es sin duda un proceso complejo. Son necesario unos requisitos fundamentales para poder comprender bien.

Imaginemos por un momento el siguiente experimento: En una clase se les pide a los alumnos que lean de un tirón un tema determinado. Seguidamente se les pide que hagan un resumen escrito del tema sin posibilidad de volver a consultar el libro. Los resultados son de lo más variopinto: hay alumnos que no se han enterado de nada, otros han confundido conceptos y datos, muy pocos son los que construyen un resumen razonable que contenga las ideas más importantes.

Requisitos básicos en la comprensión

Atención

Sin atención es muy difícil que podamos hacernos con el contenido de un mensaje. Aunque éste pueda llegar a nuestro inconsciente como diversos estudios han demostrado, nuestra mente no se encuentra en un nuevo estado de conocimiento.

Pienso que todos estaremos de acuerdo en la diferencia que existe entre lo que se entiende por la función fisiológica de *"oír"* (percibir los sonidos), y el acto de *"escuchar"* (prestar atención a lo que oyes). Lo mismo podríamos decir sobre los conceptos de *"mirar"* (fijar la vista en un objeto), y *"ver"* (como observar o considerar alguna cosa). La diferencia entre una función y la otra se encuentra en los mecanismos mentales que se ponen en marcha a causa de un *"acto de la voluntad"*: la atención. Al orientar selectivamente la facultad de atender por medio de los sentidos hacia algo concreto con el ánimo de captarlo y conocerlo, abrimos la puerta de nuestra mente consciente a la vez que se pone en marcha todo el procesamiento necesario para la comprensión.

La codificación

Existen numerosas formas de comunicación que usamos habitualmente sin darnos demasiada cuenta.

Imaginemos que vamos conduciendo un automóvil por la carretera, y realizamos un adelantamiento en un lugar donde está prohibido. Como no es el día más afortunado de nuestra vida, aparece un agente de tráfico en medio de la calzada alzando su mano derecha para llamar nuestra atención e indicando con su izquierda que nos situemos en el arcén.

Una vez hemos detenido el vehículo, el agente se acerca y nos saluda pidiéndonos la documentación del vehículo y nuestro carné de conducir. Después de hacer unas comprobaciones nos informa que hemos cometido una infracción y nos muestra una señal de tráfico que prohibe el adelantamiento. Posteriormente escribe nuestros datos en un bloc de multas y nos entrega una copia.

Para que todo esto tenga sentido para nosotros debemos poder codificarlo. No importa el tipo de lenguaje que se use si somos capaces de transformar los signos o estímulos del tipo que sean en un mensaje mediante un sistema de reglas que conocemos (código lingüístico).

En el caso del ejemplo, el agente de tráfico usó cuatro lenguajes distintos:

- El lenguaje no verbal que el agente de tráfico usó por medio de sus gestos para hacernos detener en el arcén.

- Los sonidos que articuló con su boca, los cuales identificamos como palabras y posteriormente integramos en ideas.

- Los signos gráficos que escribió en el bloc de multas, los cuales reconocimos como letras, que formaban las palabras con las que registró los datos y detalles de la sanción.

- La imagen pintada que había en la señal de tráfico que representaba la prohibición de adelantamiento. Esta imagen fue procesada por nuestra mente y convertida en un concepto.

La percepción

Los cuatro sistemas de comunicación mencionados anteriormente, cubren una amplia gama de posibilidades en la transmisión de información. Puede ser usado uno solo de estos sistemas o varios simultáneamente. Al hacerlo en paralelo, por supuesto, enriquecemos mucho más la información:

La percepción se apoya en la codificación y supone el reconocimiento o la identificación de un estímulo como objeto o concepto conocido.

Cuando escuchamos hablar en una lengua extraña, quedamos totalmente en blanco. Aunque se empeñen en hacerlo más despacio o más alto, seguiremos quedando en blanco. A nuestra mente le es imposible procesar la información que llega a nuestros sentidos.

Percibir es alcanzar un nuevo estado de conocimiento. Para que seamos capaces de entendernos con los demás, nuestra mente necesita conocer adecuadamente el significado de los diferentes estímulos e integrarlos de tal modo, que podamos captar las ideas que pretenden transmitirnos.

Las inferencias

Las inferencias son procesos constructivos de interpretación que requieren de la facultad de sacar consecuencias y deducciones, parten de los conocimientos que posee el receptor del mensaje y que usa para poder hacer una representación mental coherente con la información que recibe.

En el caso del conductor que es detenido por el agente, en el momento de ver la señal que le hace con la mano, ya presupone que lo detiene porque ha cometido alguna infracción. Cuando le pide la documentación, entiende que está comprobando si está conduciendo el vehículo dentro de la legalidad. En el momento en que se pone a escribir en el bloc de multas sabe que tendrá que pagar una cantidad de dinero.

Con la percepción no termina el proceso de integración de los nuevos conocimientos al sistema de conocimientos que la persona posee. Es necesaria la elaboración de conclusiones por medio de la cuales se realizará la comprensión.

El contexto

Hay que tener en cuenta que el lenguaje humano tiene un carácter económico. Normalmente no incluye explícitamente toda la información que el receptor comprende. El emisor del mensaje tiene en cuenta, de modo intuitivo, el conocimiento que el receptor tiene sobre el tema que le permite a éste hacer inferencias que complementen el mensaje. Cuando alguien nos explica que le han puesto una multa por adelantamiento prohibido, no es necesario que nos de más detalles para comprenderlo, automáticamente nos situamos en el contexto y nuestra mente nos proporciona toda la información auxiliar para poder comprender lo que ocurrió.

Conocer el contexto no sólo es necesario para ahorrar la explicación de infinidad de detalles, sino también para entender el diferente significado que puede tener un mismo concepto en dos contextos diferentes.

Por ejemplo, la palabra línea, puede tener múltiples significados dependiendo del contexto al que hagamos referencia: dibujar una línea, línea aérea, línea de fuego, línea fronteriza, línea de información, astros en línea, línea férrea, línea divisoria, seguir una línea de actuación, estar en la misma línea, línea de producción, etc.

La atención, la codificación, la percepción, las inferencias y el contexto son los elementos necesarios para que pueda realizarse la comprensión de la nueva información que llega a nosotros. Pero para que el proceso pueda realizarse correcta y eficazmente será necesario interactuar por nuestra parte con la información de la forma que se expone seguidamente.

Seis pasos claves para comprender bien

Conocer el contexto al que pertenece la información que vamos a recibir

Por las razones que se han expuesto anteriormente, debemos exigirnos averiguar lo antes posible el marco donde se inserta la información que nos comunican. Esto podemos conseguirlo de diferentes formas:

- Por medio del título o programa de la conferencia, clase o charla que vamos a escuchar.

- Estando muy atentos a las introducciones que suelen hacerse tanto en conferencias como en textos escritos.

- Consultando el índice o temario del libro que vamos a leer.

- Preguntando sencillamente al interlocutor para que clarifique de qué nos quiere hablar.

En el caso de encontrarnos con un expositor que no sigue un orden coherente en su discurso, nuestro primer esfuerzo debe estar dirigido igualmente a encontrar el contexto. Una forma de hacerlo es por medio de preguntas adecuadas:

¿A qué pertenece lo que nos está diciendo?

¿Con qué tiene relación?

¿Cuál es el tema central?

Del mismo modo, hay que estar atentos a los posibles cambios de contexto durante el desarrollo del tema; el objetivo siempre será no malinterpretar o llegar a conclusiones equivocadas a causa de no relacionar el texto con su contexto.

El conocimiento del contexto no sólo tiene un efecto clarificador, sino también activador sobre los *esquemas mentales* que son los que harán posible en última instancia la comprensión integral del mensaje. Al ser activados, los esquemas nos proporcionan información que suele estar ausente en el mensaje, y en cambio, es imprescindible para la comprensión. Por ejemplo, si leemos que una persona estuvo dos horas tendida en el suelo sin ropa, la interpretación que hagamos del hecho, cambia mucho dependiendo del contexto en el que sucedió: si pensamos que ocurrió en una calle transitada de la ciudad, nos escandalizaría. En cambio, nos parecería totalmente normal, si el hecho hubiera tenido lugar en la playa durante la época de verano.

Conocer el significado de todas las palabras que intervienen en la información

En muchas ocasiones en las que hago la prueba de dar a leer un texto, los lectores suelen encontrar dificultades para explicarlo. La causa está relacionada con el desconocimiento del significado de varias de las palabras allí contenidas.

Una buena costumbre para enriquecer constantemente nuestro vocabulario, es tener el diccionario a mano para consultarlo cada vez que se dude o desconozca el significado de una palabra.

En el caso de que la comunicación sea oral, si se trata de una conversación debe optarse por preguntar sin prejuicios, sencillamente pidiéndole al interlocutor que nos aclare lo que quiere decir con la palabra que a nos resulta desconocida o causa dudas.

Cuando nos encontramos en un lugar público y no tenemos la libertad para preguntar, deberíamos tomar nota de las palabras desconocidas para consultarlas posteriormente. El objetivo es doble: por una parte enriquecer nuestro vocabulario particular, y por otra, completar el conocimiento de lo que hemos escuchado.

Una estrategia que suele hacerse sobre la marcha, es optar por *una solución de compromiso*. Esto consiste en darle un significado a la palabra desconocida basado en la deducción. En otras palabras, si alguien hubiera borrado una palabra de un texto y nos pidieran que rellenáramos el hueco, escogeríamos la palabra que estuviera mejor relacionada con el resto del texto para darle sentido. Por ejemplo, en la siguiente frase: «El transformismo lamarckiano fracasa, pero Darwin reconcilia esta noción con la idea general de evolución, proponiendo una explicación .... a la transformación de las especies.» Aunque se tenga solamente una ligera idea de la teoría de Darwin, la mayoría de los lectores podrían colocar una palabra que expresara un concepto similar a la que escogió el autor de esta frase.

Supongamos que la palabra escogida para poner en el hueco fuera "natural", aunque no es la palabra idónea sí tiene una semejanza con la original del autor: "mecanicista" y no distorsiona el sentido del texto.

No se debe obviar que las soluciones de compromiso tienen un cierto riesgo, por tanto, no hay que abusar de este recurso. Lo propio es despejar la incógnita cuanto antes y enriquecer nuestro vocabulario. El diccionario ha de ser nuestro mejor recurso para compensar nuestra intuición en todo aquello que no conocemos con certeza.

Algunos de los riesgos a los que nos exponemos cuando seguimos avanzando sin conocer el significado de algún término pueden ser:

- El atribuir un significado aproximado a una palabra que desconocemos puede hacer variar parcial o totalmente el sentido de una frase, y hasta de un texto.

- El ignorar el significado de una palabra y seguir avanzando puede desconectarnos de todo un párrafo, que puede quedar sin sentido.

- Al no seguir aumentando nuestro vocabulario particular, se lee y comprende con menos rapidez y menor precisión.

Hacer una representación mental de la información

No es común tener desarrollado el hábito de transformar simultáneamente las informaciones en representaciones mentales. En ocasiones, al tratar de leer correctamente, las distracciones y la pereza mental son motivos suficientes para no concentrar la atención en esta actividad.

La representación mental consiste en crear una especie de pantalla cinematográfica en nuestra mente, en la cual, vamos proyectando una película con las imágenes correspondientes a las informaciones que recibimos.

Cuando alguien nos comenta que fue a comer a un restaurante, nos imaginamos un establecimiento con mesas, sillas, camareros y platos de comida. En el caso que nos digan que era un pequeño restaurante, nos imaginaremos una estancia con pocas mesas. Si fuera un gran restaurante, la imagen mental sería diferente. Si el restaurante fuera humilde o muy lujoso, iríamos ajustando la imagen mental a la información que nos facilitan.

Está comprobado que se obtiene una mejor comprensión y recuerdo ante la presentación de una sucesión de imágenes con sentido. La razón es que existe una notable diferencia en el nivel de procesamiento en las imágenes mentales con respecto al de simple palabras.

La mera repetición de palabras es un proceso bastante mecáni-

co que no obliga a un análisis del significado. La generación de imágenes, en cambio, requiere necesariamente un proceso de comprensión semántica.

Entre las ventajas de adquirir esta nueva forma de procesar la información estarían:

- El potenciar la concentración mental, pues al tomar el autocompromiso de la representación mental nos centramos en una actividad que requiere la contribución de varias facultades mentales simultáneamente, no permitiendo que la mente se desvíe anárquicamente a otros recuerdos o fantasías.

- Convierte lo abstracto en concreto. Muchos de los conceptos que recibimos son abstractos (no tienen una representación sustancial) y por tanto su procesamiento mental es más complejo y menos propenso a ser asimilado en nuestros esquemas mentales; y así, aunque sea de una manera muy personalizada, estamos dándole forma a lo que no la tiene, le damos puntos de referencia a nuestra mente para que realice sus asociaciones y elaboración con más facilidad y con más puntos de anclaje. Por lo tanto, mejoramos sensiblemente la comprensión y el recuerdo. Un día un artista, enseñándome uno de sus cuadros en el que había unos hierros retorcidos a causa del intenso calor del fuego, me explicaba que estaba transmitiendo el concepto (abstracto) de dolor. A mí me impactó aquella imagen, y aún pasando el tiempo cuando escucho hablar de dolor viene a mi mente esta representación, ayudándome a darle sentido a un concepto abstracto como éste.

- Realizamos un proceso de integración entre la información nueva y la ya existente en nuestra mente, pues al crear las imágenes mentales tomamos información de nuestro almacén mental, y al hacerlo, asociamos una con otra.

- Se realiza un trabajo de síntesis, puesto que en el proceso de representación, la mente debe concretar en una imagen un determinado número de palabras, conceptos y explicaciones. De esta forma, facilita la comprensión del núcleo central del mensaje, no derivando al simple recuerdo de aspectos parciales.

- Graba la información con mayor fuerza al realizarse un trabajo mental. La huella de memoria que se produce en nuestra mente es más profunda y, por tanto, de más fácil recuperación.

- Facilita la recuperación al seguir el principio de que *"una imagen vale más que mil palabras"*. Una imagen significa un solo acto de recuerdo, y en ella puede ir incluida mucha información, mientras que si está almacenada de forma verbal el esfuerzo mental es mayor y también la posibilidad de que existan ausencias en la información recuperada.

- Generan emociones que completan el proceso de comprensión integral de la mente, pues dan una mayor fuerza y significado al recuerdo.

Te invito a hacer un ejercicio en el que podrás comprobar el cambio cualitativo que representa el incorporar a nuestros hábitos mentales esta nueva forma de procesar la información.

Lee despacio el siguiente relato y trata de representarlo fielmente en tu imaginación, como si estuvieras en un cine, construyendo todos los detalles, dándole movimiento, relieve, color, sonido, etc. Podrás disfrutar de él plenamente. Prácticamente lo estarás viviendo y esto significará que, al terminar, recordarás todos sus detalles. El nivel de comprensión integral será muy elevado y difícilmente se producirán confusiones u omisiones.

"El descubrimiento de la metalurgia"

«La búsqueda de piedras preciosas o extrañas y la observación de sus diversas cualidades lleva al hombre al descubrimiento de los metales.

Al leer este párrafo, debes convertirlo en una imagen mental: visualiza a hombres buscando por las montañas piedras con colores y brillos que llaman su atención, como las muestran a otros más entendidos, los cuales las adquieren y experimentan con ellas... las someten al agua, al fuego y las pulverizan para tratar de extraer aquello que les parece de valor....

»Oro, plata, electrón (aleación natural de oro y plata), cobre nativo (puro) y hierro fueron utilizados como otras tantas piedras particularmente apreciadas por su coloración o peso.

Imagínate mentalmente este tipo de metales, su color y formas...

»Se descubren luego su maleabilidad y sus posibilidades de fusión, con lo cual pasan a constituir un material nuevo singularmente apto para la fabricación de joyas, útiles y armas.

Como si estuvieras viendo un reportaje, trata de ver una primitiva factoría donde hay hornos y crisoles. Carretillas que transportar el mineral y recipientes que lo recogen después de haber sido fundido... moldes en los que se enfría y toma diversas formas....

»El oro y la plata se usaron principalmente para el adorno y la fabricación de vajillas y objetos de lujo.

Sigue por ti mismo haciendo trabajar tu imaginación.... como si estuvieras allí presente siendo uno de los protagonistas de este "reportaje".

»El cobre para toda suerte de útiles y armas. Cuando se agotaron las reservas de cobre nativo, siempre escasas, la gran demanda exigió su obtención a partir de minerales cupríferos (que contienen cobre), lo que da origen al descubrimiento de la metalurgia.

Tanto la reducción del cobre como la obtención de la plata o del hierro requieren conocimientos técnicos especializados cuyo descubrimiento debió requerir numerosas experiencias y fracasos antes de disponer de unos procedimientos que debieron ser constantemente renovados y transmitidos de generación en generación. Algunos descubrimientos, como el hierro, constituyeron secretos guardados celosamente durante muchos siglos, por lo que su conocimiento tardó muchísimo tiempo en difundirse. Por el contrario, la obtención del cobre, quizás por hacer competencia al metal nativo en circulación se extendió muy pronto. En su utilización se desarrollaron técnicas variadas, como la forja en el hierro, el martillado para el oro, plata y cobre, y la fusión en moldes del cobre y luego el bronce..

La necesidad de endurecer el cobre exigió constantes ensayos de aleaciones con otros metales, como plata, plomo, antimonio y arsénico, hasta que se efectuó el descubrimiento del estaño y la obtención del verdadero bronce. La rareza del estaño constituyó un constante estímulo de viajes y exploraciones que contribuyeron en buena parte a la incorporación del Occidente de Europa a la civilización histórica.

El descubrimiento de la metalurgia se realizó seguramente en las tierras que se extienden al este de Armenia y sur del Cáucaso. La extensión de la metalurgia del cobre fue muy rápida.»

Explicar con las propias palabras la idea del texto

Cuando se le pide a una persona que explique con sus propias palabras lo que ha escuchado o leído, se puede comprobar que entraña mayor dificultad de la que en principio parece. Suele ser frecuente que la persona hable de aspectos parciales o de una idea que no corresponde al mensaje que ha recibido. También puede ocurrir que se bloquee, no siendo capaz de articular las palabras apropiadas a la idea más o menos confusa que hay en su mente: "lo sé, pero no sé explicarlo".

Para asegurar un buen proceso de comprensión hay que realizar la operación inversa a la de recepción de la información, o sea, hay que volver a recuperar la información que se ha introducido en nuestra mente, estructurarla de una manera coherente, y traducirla en palabras adecuadas que reflejen con fidelidad las ideas originales.

Este proceso potencia la comprensión. Es la manera más efectiva de autocomprobar en qué medida se ha comprendido la información recibida. Cuando la explicamos con nuestras palabras, y suponiendo que nuestra explicación sea correcta, no quedará duda de que los conceptos han sido bien entendidos.

Esta práctica da lugar a descubrir los posibles puntos débiles o lagunas que se producen en el proceso de recepción, dando la oportunidad de corregirlo. Las dificultades que experimentemos para poder explicar el contenido, se convierten en un elemento positivo al atender de forma particular a las partes de la información que han quedado más oscuras.

Al realizar la recuperación de la información seguidamente a su recepción, facilitamos su posterior uso. Es similar a abrir un camino de vuelta cuando las condiciones están al máximo de favorables. Posteriormente será más fácil y seguro volver a recorrerlo.

Si has realizado el ejercicio que se ha sugerido en el ejemplo del apartado anterior, trata de explicarlo. Explícalo como si lo hicieras con un niño, de la forma más gráfica e inteligible que seas capaz. No se trata de repetir lo que has leído, sino de usar palabras fáciles de entender que expresen clara y sencillamente las ideas contenidas en el relato. Si has realizado bien la representación mental, comprobarás con qué facilidad puedes hablar con precisión de algo que en tu mente ves con claridad.

> "Vino un momento en la historia en que a los hombres les llamó la atención las piedras. Comenzaron a interesarse por los diferentes aspectos que presentaban y se dedicaron a trabajar con ellas para extraer lo que les parecía de valor..."

Poner un ejemplo

Al poner un ejemplo es como si encendiéramos la luz en una habitación que se encuentra en la penumbra. Por esta razón, una de las maneras más claras de poner en evidencia que alguien ha comprendido bien un concepto o determinada información, es por medio de la relación o asociación que es capaz de crear con algo más concreto o cercano a sus conocimientos y establecer un paralelismo.

Un niño decía que para él la metalurgia, era similar a cuando su abuela hacía mermelada: pone las manzanas a hervir, y lo que saca lo mezcla con azúcar. La mermelada de manzana no se parece a una manzana, pero ha salido de ella y está muy buena.

En los casos en que la información contiene conceptos muy específicos (como las matemáticas), con más razón, es necesario convertirlos en formas o aplicaciones concretas. Cuando a los niños se les enseña las primeras operaciones aritméticas (suma, resta), se les habla de caramelos que se les dan o se les quitan. De esta forma van asimilando conceptos abstractos.

Del mismo modo, en niveles más elevados y en las diferentes áreas de ciencias deben buscarse los ejemplos de aplicación que faciliten y aseguren la comprensión. El resolver los problemas por

imitación es un sistema demasiado débil para sostener la estructura de este tipo de conocimientos.

En general, los libros de texto que se usan actualmente están muy bien preparados pedagógicamente, conteniendo ejemplos que siguen a todas las definiciones. Pero en este caso se trata de que el estudiante sea capaz de crear por sí mismo ejemplos (problemas) de aplicación. Al hacerlo, se establecen pautas de solución, o puntos de referencia válidos para otros casos similares.

Implicar el área emocional

Las informaciones que generan algún tipo de respuesta emocional (aunque sea débil e interiorizada), evidencian que se ha llegado más allá del simple conocimiento, han provocado un juicio de valor; y por tanto, la actividad mental ha sido más completa.

En general todos pueden desarrollar la sensibilidad al imaginar una situación. Al hacer el acto de tomar conciencia de los sentimientos y sensaciones que despiertan la imagen que ha aparecido en su mente, van experimentando cada vez con mayor claridad. Una información puede ser exagerada, ridícula, apropiada, hermosa, repugnante, tierna, violenta, pesada, etc.

Cada uno de estos calificativos debería despertar en nosotros algún tipo de emoción que se asocia a la información, dotando a nuestra memoria de un soporte experiencial de mucho valor.

Imagínate por un momento que estás mordiendo un limón, tus dientes se clavan en él y puedes percibir toda la intensidad del sabor que contiene su zumo...   ¿Qué experimentas?

Al leer el tema relacionado con la metalurgia, debemos entrar en la narración como si fuéramos uno de sus protagonistas. Abriéndonos a experimentar las emociones propias que aquella gente debían tener al ir hallando nuevos descubrimientos.

Al desarrollar la facultad de la experimentación comprobarás cómo la percepción es mucho más intensa, la comprensión del desarrollo de los acontecimientos mucho mejor, el nivel de concentración más elevado. Disfrutarás de una experiencia apasionante y difícilmente se te olvidará. Además, en la exposición de muchos temas, hace más probable la comprensión de factores no explícitos en la información.

Hasta aquí he presentado los elementos básicos para asegurar una buena comprensión. Este proceso puede parecer laborioso y lento, pero con un poco de práctica, se va volviendo cada vez más automático y el hábito de trabajo mental que se adquiere potencia un 100% tanto la comprensión como el recuerdo.

Es difícil asimilar algo que no se ha comprendido, y más difícil recuperarlo y aplicarlo de una manera racional en la práctica. Por tanto, esta primera etapa es la más básica de todas, la que requiere mayor atención, no escatimando el tiempo necesario para conseguir un nivel óptimo de comprensión.

RECORDAR

SEIS PASOS CLAVES
PARA UNA BUENA COMPRENSIÓN

- Conocer el contexto al que pertenece la información que vamos a recibir.

- Conocer el significado de todas las palabras que intervienen en la información.

- Hacer una representación mental de la información.

- Explicar con las propias palabras la idea del texto.

- Poner un ejemplo.

- Implicar el área emocional.

Saber escuchar

Tal como se ha hecho referencia anteriormente, *oír* y *saber escuchar* son dos cosas muy distintas. Oír puede limitarse a una conducta pasiva, mientras que "saber escuchar" necesariamente está relacionado con una conducta activa.

La importancia de saber escuchar es evidente, pues pasamos sobre un 40% de nuestro tiempo escuchando informaciones. Cuando se trata de escuchar con atención. Se observa muy a menudo que la falta de contar con hábitos adecuados y la escasa utilización activa de las capacidades mentales, impiden comprender y retener bien las informaciones recibidas.

El problema que representa el no saber escuchar tiene con frecuencia mucha trascendencia, tanto en las relaciones humanas (haciendo difícil llegar a acuerdos, o impidiendo ejecutar bien determinados encargos, etc.) como en todas aquellas situaciones en que la información la recibimos por el canal auditivo exclusivamente.

Causas del problema

Las causas del problema tienen que ver en principio con la actitud mental desarrollada hacia el emisor de la información, o hacia la propia información. Esta actitud puede ser de apatía, de fingimiento o de atención. La atención, a su vez, se puede dividir en activa y pasiva.

La *apatía* aparece cuando hay falta de interés o motivación por lo que se está haciendo.

Hay que saber que el estado apático no depende necesariamente del contenido del discurso, sino que deriva de un estado mental preexistente. El discurso resulta aburrido simplemente como consecuencia de este estado: *"una persona aburrida, encuentra que todo es aburrido"*. El hábito de vivir con apatía es el peor error que se puede cometer, ya que nadie nos devolverá nunca el tiempo perdido.

El *fingimiento* muchas veces nos hace actuar inconscientemente. Es una actitud típica promovida por la necesidad social de escuchar incluso a las personas más aburridas. Mientras se finge que se está escuchando, se piensa en otra cosa o se realiza cualquier actividad, ello lleva a ignorar la información que se nos transmite. A veces degenera en un hábito que entra en acción incluso cuando no se desea fingir.

La *atención* parece a primera vista la actitud correcta, sin embargo, es necesario distinguir entre atención activa y pasiva.

La actitud pasiva reduce los estímulos de interés y hace más difícil la escucha, de este modo, el oyente desplaza el centro de su atención permitiendo la distracción total.

Hablando normalmente se formulan alrededor de 150 palabras por minuto. Nuestra mente tiene capacidad para procesar más de 1.000 palabras por minuto. El desfase entre las palabras escuchadas y las procesadas mentalmente se denomina "tiempo diferencial" y, como podemos comprobar, abarca un espacio en el que cabrían gran cantidad de palabras.

En el caso de la actitud pasiva, hay la intención de asumir una actitud de atención, pero se incurre en varios errores:

Errores de la actitud pasiva

- El error de las asociaciones mentales que están fuera de contexto. Esto significa que, al escuchar determinada palabra o expresión, nuestra mente se va a otro tema que poco tiene que ver con el que se está hablando y que capta nuestra atención en aquel momento. Suele ocurrir que a partir de este momento se entra en una inercia en que la mente va pasando de pensamiento a pensamiento desconectándose totalmente del discurso que teníamos la intención de seguir.

- Otro de los errores es de naturaleza emocional. Suele verse con frecuencia cuando hay dos personas discutiendo en los

típicos debates que se efectúan en grupo: están más pendientes de lo que van a decir que de escuchar lo que se está diciendo.

- Un error más es la facilidad de ser sugestionado por determinados detalles. Se puede estar oyendo a una persona y a la vez estar demasiado pendiente de su aspecto externo, del ambiente en que nos encontramos, o de cualquier otra circunstancia totalmente ajena al contenido del discurso.

El conjunto de estos tres problemas relacionados con la atención pasiva se define normalmente con una sola palabra: *distracción*.

La gran velocidad de procesamiento de nuestra mente es la principal causa de la distracción; sin embargo podemos aprender a utilizar esta facultad para un mejor rendimiento.

Este es el caso de la atención activa que aprovecha el tiempo diferencial para hacer actividades que interactúan con la información que se está recibiendo. En consecuencia, el rendimiento del acto de escuchar es incomparablemente mayor que en la atención pasiva.

Cómo desarrollar la atención activa

- Hacer una representación mental de lo que se escucha, convirtiendo en la medida de lo posible, las ideas que oímos en imágenes mentales.

- Discriminar las ideas centrales, las secundarias y todo lo que podría considerarse relleno.

- Hacer frecuentes síntesis de los apartados que se van presentando a lo largo del discurso. De esta forma, iremos agrupando el discurso en bloques que podremos manejar y recordar con facilidad.

- Reflexionar sobre las ideas principales del discurso, contrastando lo que escuchamos con nuestros conocimientos sobre el tema, y de esta forma poder tomar una posición de crítica constructiva.

- Tratar de prever hacia dónde dirige sus argumentos el expositor para tomar ventaja en cuanto a las cuestiones que deseamos satisfacer.

- Elaborar sobre la marcha un buen número de preguntas relacionadas directamente con el tema que se expone para ir comprobando si su desarrollo va dándoles respuesta.

- Tratar de dilucidar el mensaje oculto detrás de las palabras, puede haber más de un fin en una misma exposición.

- Elaborar deducciones, conclusiones y aplicaciones de las ideas que se presentan, enriqueciendo notablemente la información que se recibe.

- Un aspecto esencial en la buena comunicación es atender al lenguaje no verbal, éste se descubre contrastando lo que se dice con los gestos, posturas y entonaciones de la voz.

El lenguaje no verbal puede tomar seis formas diferentes:

Repetición. Cuando el contenido y el mensaje no verbal transmiten idéntica información.

Contradicción. El mensaje no verbal se opone al contenido (se da más valor al primero).

Sustitución. Una conducta no verbal ocupa el lugar de un mensaje lingüístico.

Complementación. Cuando el mensaje no verbal modifica el contenido, lo amplía o elabora de algún modo.

Acentuación. Habitualmente el contenido lingüístico se enfatiza mediante determinadas expresiones faciales, gestos, tono de la voz, etc.

Regulación. La conducta no verbal actúa sobre el flujo de la conversación, indicando por ejemplo, el turno de intervención.

El arte de tomar apuntes

Un sistema que asegura la atención al discurso hablado -además de las sugerencias que se han presentado en el apartado anterior- es sin duda alguna el tomar apuntes, y sobre todo, constituye un elemento de inapreciable valor para una elaboración posterior de la información recibida.

¿Qué se entiende por "apuntes"? No son notas tomadas al vuelo según permite la velocidad del que habla o la rapidez del que escribe.

Si escribiéramos todo lo que se está hablando, no serían apuntes, sería una *trascripción.* Si tomamos parte de lo que se ha dicho, puede ser que no llegue a definir con claridad las ideas que se han expresado ni configuren el tema transmitido.

Los apuntes no son todo ni son parte, son la anotación de todas las ideas importantes que estructuran un "esquema-resumen" de la exposición que escuchamos.

El tomar "buenos apuntes" es una técnica de gran importancia. Requiere esfuerzo y una mente atenta. También exige un trabajo adicional después de la charla, conferencia o clase, para elaborar la información de acuerdo al objetivo que interesa.

A continuación se presentan unas indicaciones prácticas para conseguir apuntes eficientes y útiles.

Sugerencias para tomar apuntes

- Mejor que el lápiz o la pluma, como instrumento más adecuado para tomar apuntes, es el bolígrafo, puesto que esta operación es muy rápida.

- Es ideal anotar los apuntes en un cuaderno multiuso del tipo de anillas con separadores para ordenar los diferentes temas, si es el caso. Las ventajas prácticas de este tipo de cuadernos en cuanto a la inclusión y sustitución de hojas lo hace preferible.

- Indicar en el encabezamiento el nombre del conferenciante, fecha, el título del capítulo o del tema, y en el ángulo superior derecho el número de página y la materia que corresponda.

- Hay que hacer desde el comienzo un planteamiento estructurado para ir colocando ordenadamente los puntos que se van exponiendo.

- Es necesario hacer el esfuerzo de detectar lo antes posible las ideas principales para discriminarlas de las secundarias y así poder ordenarlas de forma estructural.

- Es conveniente prestar mucha atención a expresiones típicas que los expositores emplean cuando desean destacar las ideas claves, tales como: *"Hay que subrayar..."*, *"Adviértase esto...."*, *"De lo que se deduce..."*, *"Por tanto..."*, *"Como puntos primordiales tenemos...."*, *"En síntesis...."*, *"A mi juicio..."*, *"Abreviando...."*, etc. En otras ocasiones se utilizan indicios como puede ser repetir una misma idea; o que se diga lo mismo de dos o tres formas distintas.

- No hay por qué anotar las frases completas, sino la esencia de cada idea interesante. Muchas ideas pueden resumirse en una sola palabra clave o concepto (que incluye todo el sentido de la frase).

- Cada uno debe tener su propio sistema de abreviaturas de las palabras más usuales para ganar un tiempo muy necesario. Utiliza siglas, abreviaturas (comprensibles posteriormente) o cualquier signo de tu invención que para ti signifique algo.

Por ejemplo:

> Igual (=), siglo (S), más (+), menos (-), hombre (H), mujer (M), mayor que (>), menor que (<), que (q), por (x), porque (xq), rápidamente (rápida_), fácilmente (fácil_), etc.

- Se debe poner atención a los vínculos o lazos que unen los diferentes puntos importantes, y cómo el profesor pasa de una idea a otra, pues así se conservará la unidad del discurso.

- Los títulos, subtítulos, motivos de realce (asteriscos, guiones, flechas, etc.), diferentes tamaños de letras, secuencia numérica, el empleo de colores, son elementos que facilitan la captación de lo importante del tema.

- Se debe transcribir todo tipo de esquemas, cuadros sinópticos, tablas, gráficos, dibujos, etc., que el expositor presente para completar y aclarar el tema.

- En el caso de usar folios/hojas, en su margen izquierdo conviene dejar amplio espacio al ser ésta la parte donde se deberán perforar los dos agujeros donde van las anillas. También debe dejarse un espacio razonable en la zona inferior del folio por si se desean hacer notas a pie de página o aclaraciones, o un resumen del contenido del folio.

- A ser posible, sobre la marcha, se irán haciendo breves anotaciones marginales sobre nuestras impresiones respecto a los puntos expuestos.

- En general, resulta muy provechoso volver a transcribir completamente los apuntes tomados durante el discurso, usando nuestro propio lenguaje. Ello nos permite eliminar, modificar o ampliar con los textos aquellos contenidos que así lo requieran, proporcionando a los apuntes claridad, orden, concreción y legibilidad.

- El primer repaso de los apuntes conviene hacerlo, si es posible, después de la clase o conferencia. Esto permite corregir los errores que se deslizaron al escribir muy rápidamente y añadir un pequeño esquema o cuadro final con los apartados o puntos más relevantes que se han tratado.

- Una idea también importante es que no pases tus apuntes a limpio. Pierdes tiempo. Esfuérzate en tomarlos con la suficiente claridad para que te valgan para su posterior estudio.

Conclusión

En este capítulo se han dado las estrategias necesarias para no volver a tener problemas de comprensión. Sólo hay que practicarlo con un poco de interés hasta adquirir el hábito de leer y escuchar de forma activa y positiva. La mente responde generosamente cuando se la utiliza inteligentemente.

Cómo asimilar la información

Cuando alguien hace las primeras prácticas con el automóvil para conseguir el permiso de conducir, se enfrenta a una serie de conductas muy complejas: debe percibir situaciones, calcular y juzgar para concluir con lo más conveniente, tomar decisiones, manipular volante y palancas con pies y manos, etc. Al principio requiere toda su atención, y aún así, sus movimientos serán torpes. Pasando el tiempo, con la práctica, sus movimientos serán automáticos y aparentemente le requerirá muy poca atención. Podrá conducir a la vez que habla, escucha música o piensa en otras cosas. Se habrá producido el fenómeno de *la asimilación*.

La asimilación es el proceso por el cual, la información externa se incorpora a la que ya se posee, resultando en conocimientos y comportamientos naturales y automáticos que no requieren de ningún esfuerzo a la persona para utilizarlos.

Cuando un niño va asimilando conocimientos y habilidades, éstos van formando parte de sí mismo, de su manera de pensar, sentir y actuar.

Aunque la práctica es un medio indiscutible para la asimilación, requiere de la contribución de otra facultad mental: *la reflexión*.

La reflexión es la capacidad de pensar sobre las cosas, los conocimientos, las situaciones que percibimos y respecto a todo aquello en lo que interactuamos. Su fin es sacar conclusiones que nos van formando como personas que se adaptan al mundo en el que viven.

Entonces tenemos que una vez efectuado el proceso de comprensión, es necesario "rumiar" la información; o sea "masticarla" por segunda vez. Para ello, debemos volver a nuestra conciencia la información que anteriormente hemos recibido para trabajar con ella.

Se trata de conectar y asociar la nueva información con los máximos puntos posibles de nuestra estructura de conocimientos, razonando con ella para que se produzca el enriquecimiento deseado.

El sólo hecho de volver a la información después de haber sido leída o escuchada, aunque se haga repetidas veces, no garantiza un mejor nivel de asimilación.

Para conseguir una buena asimilación hemos de trabajar con la información de la forma más racional y sistemática posible.

A continuación se expone un plan ordenado para interactuar con los textos, de forma que, las actividades que realicemos con la información se aproximen al máximo a las condiciones óptimas de asimilación mental.

Plantearemos el proceso de asimilación a través de dos fases, las cuales incluirán una serie de actividades para poderlas llevar a cabo. Estas fases serán: *La estructuración y la reflexión*.

Por estructurar se entiende el disponer las partes de un conjunto determinado en una posición y relaciones adecuadas. En consecuencia, lo primero que trataremos de conseguir son estas partes del conjunto, para luego colocarlas en su lugar adecuado. Esta operación la efectuaremos por medio del *análisis* del tema.

Analizar se define como distinguir y separar las partes de un todo hasta llegar a conocer sus principios o elementos. Se aprenderá a distinguir estas partes que componen y sostienen la estructura, de las que hacen la función de relleno, identificando así lo realmente importante del texto.

Seguidamente estas informaciones se reunirán debidamente relacionadas entre sí y ordenadas para que condensen de forma adecuada todo el mensaje que se trata de transmitir en la información

original. A esta operación la denominaremos *síntesis*. También se verá como la síntesis de un tema puede tomar diferentes formas dependiendo de los objetivos que se persigan.

La *reflexión* será el proceso de considerar de nuevo la información de forma más detenida para extraer de ella todos sus valores de conocimiento: científicos, naturales, culturales, morales, artísticos, pragmáticos, etc. Para ello, utilizaremos una serie de técnicas sencillas pero muy eficientes que nos guiarán y ayudarán en la realización de esta operación.

Newton decía: «*Si en mis investigaciones he logrado mayores éxitos que otras personas, se debe menos a una capacidad intelectual superior que al hábito de una reflexión paciente*». Newton meditaba en lo que observaba y lo hacía de tal modo que su mente no se detenía en la superficie de las cosas, sino que profundizaba interactuando con la información hasta agotar las posibilidades de inferencia.

El Análisis

Un requisito indispensable

Es imprescindible haber comprendido bien el tema. En el apartado de la comprensión, hemos estado considerando el proceso para asegurar que este primer paso se realice de forma correcta. Sin este requisito difícilmente podremos elaborar una síntesis esquemática que nos resuma en unas pocas palabras o frases ordenadas todo el sentido del tema.

En este caso diríamos que es necesario comprender lo "mucho" para poder extraer lo "poco" que sea capaz de representarlo fielmente.

Por ejemplo, un esquema elaborado sin suficiente conocimiento del tema puede ser más desorientador que orientador.

Selección de la información

Es necesario realizar un análisis del tema separando lo principal de lo secundario. Para poder escoger el material con el que confeccionaremos el esquema, hemos de desarrollar la habilidad de discriminar entre las ideas principales y las ideas secundarias.

Conviene pues explicar un poco en qué consisten estos dos conceptos. *Las ideas principales* hacen referencia a lo esencial del tema. Son su columna vertebral, sin la cual, lo demás no tendría sentido. Estas ideas acostumbran a ser conceptos muy específicos que sirven de soporte a todos los demás.

La manera de conseguir esta discriminación es convertirse en un lector activo, tomar una actitud de interacción con el texto. Esto se lleva a la práctica sometiendo el texto a un interrogatorio. Por ejemplo, ¿qué es lo que quiere transmitirme el autor sobre este tema? ¿Qué planteamiento presenta? ¿Qué argumentos refuerzan su posición?, etc. A partir de aquí, conforme avancemos en la lectura, se irán descubriendo en el texto las respuestas a nuestras preguntas, como si tomaran relieve. Las ideas más importantes quedarán claramente diferenciadas de las secundarias.

En cuanto a *las ideas secundarias*, son todas aquellas que complementan el significado de las principales, dando luz sobre una serie de aspectos que no pueden expresarse en una sola frase, pero que todos son relativos a los conceptos principales. La forma de reconocerlas es comparando las ideas restantes con las ideas principales para ver si son útiles para facilitarnos información aclaratoria o complementaria, o si sencillamente dejan a las ideas principales en el mismo nivel informativo en que se encontraban; en este caso, desestimaríamos estas ideas.

Tomemos como ejemplo esta frase:

> «La implantación del español por América fue una lenta tarea de siglos. Llegaría a su máxima extensión en el siglo XVIII, como lengua de la administración, la cultura y la Iglesia. Las variedades geo-

gráficas que adopta el español en América dependen de factores sociales, culturales, étnicos y de
sustrato de cada región a la cual llegó el español.»

La idea principal de este párrafo es la siguiente: *el español llegó a su máxima extensión en el siglo XVIII*, como lengua de la
administración, la cultura y la Iglesia.

Las ideas secundarias son:

a) *La implantación del español por América fue una lenta tarea
de siglos, y*

b) *Las variedades geográficas que adopta el español en América dependen de factores sociales, culturales y étnicos.*

El subrayado

Por subrayar se debe entender el señalar por debajo con una
raya alguna palabra o frase escrita para llamar la atención sobre
ella. Se hace esta aclaración porque muchos, que creen estar subrayando, consiguen un resultado totalmente opuesto al que se
pretende: llamar la atención sobre algunas palabras o frases, no
dificultar su lectura.

Subrayar bien no es maltratar un libro, sino todo lo contrario.
Es interactuar con el autor para poner de relieve todo lo importante y esencial.

Hay libros en que sus autores ya dejan muy facilitado este trabajo destacando frases en distintos tipos de letra que dotan al libro
de claridad y agilidad muy ventajosas.

La cantidad de texto que debe subrayarse depende básicamente
de tres cosas: la naturaleza del material, los fines que se persiguen
y el grado de familiaridad con los contenidos.

Esta técnica presenta grandes ventajas cuando se utiliza adecuadamente y se tiene en cuenta una serie de requisitos:

- Posibilita un mejor trabajo intelectual y hace que la labor del estudiante sea más fecunda y productiva.
- Hace el estudio más ágil ahorrando mucho tiempo en los repasos.
- Motiva durante el proceso de lectura al poner en evidencia el resultado de una labor.
- En general, incrementa el rendimiento.

¿Cómo subrayar?

Vamos a considerar algunos aspectos prácticos que nos ayudarán a subrayar inteligentemente. El objetivo es resaltar sólo lo necesario y útil.

- Un libro con subrayados fuertes resulta difícil de leer y a veces confuso. No es aconsejable, en ningún caso, usar bolígrafos, rotuladores o plumas, porque nos anulan la posibilidad de rectificar o corregir. Por ello, lo más conveniente es utilizar un lápiz bicolor (rojo y azul por ejemplo), usando el rojo para los conceptos clave y el azul para destacar aquellos conceptos que explican y aclaran los primeros. Conviene hacer las rayas finas y con lápiz duro.

- Se debe seleccionar cuidadosamente aquello que se vaya a subrayar: solamente las palabras y frases esenciales. Hay que hacerlo de forma que cuando se vuelva más adelante a repasarlas, se puedan leer simplemente las palabras subrayadas y comprender inmediatamente las ideas, los detalles importantes y las definiciones.

- Tal como se ha dicho antes, no se debe subrayar en la primera lectura. Hay que esperar a que hayan sido contestadas algunas preguntas que discriminen las ideas principales de los detalles.

- No conviene subrayar mucho. En cada párrafo se suele encontrar una idea fundamental y otras complementarias de

ella; pero cuando un pasaje o párrafo resulte valioso destacarlo, lo más adecuado es hacer una línea vertical en el margen exterior de la página. Como norma se puede sugerir lo siguiente: a más de cinco líneas hay que recurrir a la línea vertical en el margen.

- Hay que analizar párrafo por párrafo, para que no se pase por alto nada que sea realmente esencial.

- No confiar en un libro que previamente haya sido subrayado; no se sabe qué criterios han sido utilizados. El subrayado debe ser algo muy personal.

- Por último, una extensión del concepto de subrayado son las notas marginales, que pueden ayudar a completar el significado de lo subrayado. Éstas deberán ser lo más breves posible.

Después de haber realizado esta operación de análisis de texto, hay que pasar a sintetizarlo de forma estructurada; como se dijo anteriormente, el objetivo es presentar la información en las condiciones óptimas en que nuestra mente pueda asimilarla. En nuestra mente, también los conocimientos se organizan de una forma estructurada.

RECORDAR

PARA SUBRAYAR

- Un libro con subrayados fuertes resulta difícil de leer y a veces confuso.
- Se debe seleccionar cuidadosamente aquello que se vaya a subrayar.
- No se debe subrayar en la primera lectura.
- No conviene subrayar mucho.
- Hay que subrayar párrafo por párrafo.
- No confiar en un libro que previamente haya sido subrayado.
- Hacer notas marginales.

La Estructuración

Los esquemas mentales

Son paquetes de información almacenados en la memoria sobre infinidad de temas respecto al mundo en que vivimos. Los esquemas están compuestos por unidades más simples que se integran en las más complejas.

Por ejemplo: *Comprar* es un esquema mental, incluye unos personajes (el comprador y el vendedor), unos objetos (el dinero y la mercancía), unas acciones (la transferencia de una propiedad o servicio y el pagar), y unos objetivos (el vendedor obtiene unos beneficios, mientras que el comprador disfruta de una propiedad o servicio).

El sistema de conocimiento humano puede caracterizarse como un conjunto de esquemas interconectados de forma jerárquica. Los esquemas integran esquemas más elementales y constituyen a su vez subesquemas de otros. Por ejemplo, *pagar* sería un subesquema de *comprar.*

¿Qué funciones tienen los esquemas mentales?

Una vez seleccionado y activado un esquema, éste juega un papel decisivo desempeñando las siguientes funciones:

Integran las ideas en una unidad de significado superior. Los esquemas guían los procesos de comprensión. No basta con un procesamiento gramatical de un párrafo y con entender el significado de las palabras. Se requiere, además de ello, que se active en la memoria de la persona un esquema de conocimiento que permita integrar y completar la información recibida.

Cuando mencionamos la palabra *hoja*, podemos imaginarla mentalmente. Pero es fácil que diferentes personas no la imaginen igual. Uno de los motivos se encuentra directamente relacionado con el esquema mental que se active. Si la inercia mental de una persona le lleva a relacionar la palabra *hoja* con *árbol* representa-

rá una imagen determinada, pero si la relación la efectúa con *libro* la imagen será muy diferente.

En definitiva, lo propio es que la palabra *hoja* se integre necesariamente en un esquema mental para adjudicarle el significado adecuado, y relacionarla con aquellos elementos pertinentes del contexto al que se está refiriendo el emisor del mensaje.

Facilitan las inferencias. A través del esquema se realizan las inferencias y predicciones que permiten al que recibe una información que entienda mucho más de lo que está explícito. El mecanismo que se activa es el de *rellenar valores ausentes*.

El lenguaje humano tiene un carácter económico. El texto narrativo normalmente no incluye explícitamente toda la información que el receptor comprende. El autor de la narración tiene en cuenta, de modo intuitivo, los esquemas del oyente que le permiten a éste hacer inferencias temáticas que complementan el texto. En general, nuestras expresiones verbales contienen descripciones mínimas, ya que nos apoyamos tanto en el que habla (emisor) como en el que escucha (receptor) permitiendo que esquemas y contexto complementen y maticen lo que decimos.

Se actualizan automáticamente. Los esquemas son paquetes de conocimiento prototípicos cuyos componentes o variables no están especificados; éstos se rellenan en función del contexto. Tienen la particularidad de la actualización.

En cada circunstancia concreta los esquemas se adecuarán al contexto que le corresponda. Cuando nos hablan sobre *comprar en un supermercado*, se activan una serie de esquemas mentales relativos a las características propias de esta actividad. Si en cambio nos hablan sobre *comprar en una joyería*, los esquemas mentales que se activan serán muy diferentes.

Aunque el esquema general sea comprar, la información específica que nos suministra nuestra mente para poder integrar la nueva información es muy diferente en cada caso.

Seleccionan la información que es relevante. De esta forma facilita la comprensión y el razonamiento sin embotar los procesos mentales con un exceso de información superflua. Al considerar el esquema mental: *comprar en un supermercado*, nuestra mente puede darnos mucha información que no es útil para el objetivo que se pretende: comprensión e integración de la nueva información. Por ejemplo, si el concepto que hay que integrar al de *comprar* es: *autoservicio*, no necesitamos saber las dimensiones del local, ni cuantas estanterías tiene, ni pasillos o cajas de pago. Lo importante es que la diferencia con otros establecimientos donde realizamos compras, estriba en que nosotros mismos tomaremos aquello que nos interesa sin pedirlo a nadie. Posteriormente lo abonaremos a una cajera.

Tienen un carácter multifuncional. No sólo guían los procesos de comprensión, sino también la percepción visual, la memoria, el razonamiento y el comportamiento. Por esta razón, de un mismo concepto o de un hecho determinado, pueden haber diferentes visiones o interpretaciones. En el caso de una *hoja de papel de periódico*, no tendrá la misma visión sobre ella el que la escribe, el que la lee, el que la fabrica, el que la vende o el que con ella envuelve un objeto.

Utilizando los mismos mecanismos

Hemos visto hasta aquí lo que se conoce como esquemas mentales por su analogía con los esquemas en su sentido original. Ahora podríamos preguntarnos por la importancia de conocer la existencia y funcionamiento de estos mecanismos mentales. Pues bien, precisamente al conocerlos podemos actuar de forma más inteligente con la información que debemos asimilar. Si esta información la estructuramos de forma similar a como lo hace nuestra mente, estamos facilitando su integración a la estructura de conocimientos que ya poseemos.

Un ejemplo de esquema elemental y simple es el índice de cualquier libro. En él se enumeran de forma ordenada las diferentes partes en que está dividido. Algunos de estos índices son más explícitos que otros incluyendo los epígrafes que contiene cada capitulo.

Generalmente, cuando una persona toma un libro por primera vez en su mano, va directamente al índice para poder tener una idea de su contenido. En este libro que ahora tienes en tus manos, su índice puede considerarse como el esquema general del mismo.

El concepto "esquema" se define como la representación de una cosa atendiendo sólo a sus líneas o caracteres más significativos. En esta línea conceptual, el esquema viene a ser como el esqueleto de un cuerpo determinado; si vemos el esqueleto de un caballo, difícilmente podremos confundirlo con el de un pez, un ave o una persona. Es evidente que en el esquema se nos da toda la información necesaria para que tengamos una idea clara de una serie de aspectos esenciales del tema.

Volviendo al ejemplo del esqueleto del caballo, a partir de su observación podemos comprender muchas cosas: que es un animal de cuatro patas, que no es marino, ni tampoco vuela, que tienen un volumen y fuerza considerables, que puede ser muy rápido, etc.

En el caso de un tema que dominamos o ya conocemos, el esquema facilita la recuperación de todo el conocimiento que tenemos almacenado en nuestra mente sobre el mismo. Viendo el esqueleto del caballo nuestra mente lo asocia inmediatamente con el concepto "caballo" que ya está registrado en nuestra mente con un importante bagaje de información que automáticamente queda activada.

Trabajar con esquemas

Hasta ahora se ha presentado la manera peculiar en que funciona nuestra mente con respecto al conjunto de conocimientos que poseemos, estructurados en esquemas mentales. También hemos visto que utilizar esquemas es un sistema privilegiado para asimilar información. Ahora es el momento de avanzar un poco más, y ver qué procesos hay que seguir para construir y emplear esquemas, con el fin de sacar el máximo rendimiento de nuestro tiempo y esfuerzo en el trabajo intelectual.

Sepamos primero en qué nos beneficiará el construir esquemas:

- Mantendrá nuestra atención siempre en la búsqueda de lo más importante, desarrollando la capacidad de discriminar lo principal de lo secundario.

- Hará que el proceso de estudio sea activo, variado y atractivo. Constantemente tendremos que estar cuestionando y relacionando la información que usamos para construir el esquema.

- Nos ahorra tiempo y energía al escribir y manejar el mínimo de información que nos es esencial para el dominio de los temas que trabajamos.

- Nos facilita enormemente el repaso. Como se ha dicho antes, al representarnos de nuevo el esquema, nuestra memoria nos entregará todo aquello que está asociado con él.

- Ayuda de forma determinante a la memorización, pues al entregar a nuestra mente la información estructurada de forma racional y lógica puede ser asimilada fácilmente quedando preparada para su recuperación.

- El construir esquemas hace mucho más racional y personal el estudio, puesto que el estudiante interacciona con el tema, extrayendo una síntesis que viene a ser el resultado de una labor de profundización y asimilación del texto.

Una vez hemos terminado el subrayado, ya disponemos del material necesario para confeccionar el esquema. Ahora hay que disponerlo de una forma lógica y clara para que esta nueva estructuración

cumpla el objetivo que pretendíamos. Veamos algunas sugerencias que nos ayudarán:

Cómo confeccionar un esquema

- Los elementos fundamentales son: el título, los apartados y las ideas que explican cada apartado.

- La regla que siempre regirá a la hora de hacer un esquema será la concisión: expresar los conceptos con exactitud y brevedad.

- Usar en la medida de lo posible el lenguaje y las expresiones propias facilitará considerablemente el recuerdo.

- Se debe procurar siempre que predomine lo blanco del papel sobre lo escrito.

- No es conveniente utilizar llaves en los esquemas, ya que cuando hay muchas subdivisiones acabamos concentrando lo importante en los extremos de la página.

- Se deben utilizar signos de realce, subrayar en distintos colores y en diferentes tamaños de letra.

- Muchos esquemas pueden ser enriquecidos con sencillas ilustraciones que aclaran y amplían notablemente el significado de los conceptos expresados.

- Una vez hecho el esquema hay que revisarlo detenidamente por si puede resumirse más.

Un esquema para cada necesidad

A continuación se presentará una serie de esquemas confeccionados con diferentes propósitos para poder dar una idea amplia de cómo se elaboran y del por qué se elaboran de una determinada manera. Para que pueda ser mucho más clarificador, todos los esquemas se construyen a partir de un mismo texto; así se podrán establecer comparaciones y conclusiones.

LA SEGUNDA GUERRA MUNDIAL

Entre el 1 de septiembre de 1939 y el 2 de septiembre de 1945 tuvo lugar la más universal y brutal de las guerras vividas por la humanidad hasta entonces.

Europa antes de estallar la guerra.

Europa, antes de estallar la segunda guerra mundial, ofrecía un panorama humanamente sombrío. El impacto de la primera guerra mundial, la crisis económica de 1929 y el miedo a la revolución comunista habían provocado que la mayoría de países europeos estuvieran regidos por dictaduras. Tres de estos países: Alemania, Italia y España estaban dominados por el fascismo. La Unión Soviética, presidida por Iosif Stalin, también era una dictadura, aunque basada en una ideología diferente: el comunismo. Este último sistema había llegado a ser un modelo para las clases obreras y para muchos intelectuales de los países industrializados. Otro de los factores, era la debilidad con que mantenían la democracia y la libertad en Francia, Gran Bretaña, Irlanda, Suiza, Países Bajos, Dinamarca, Noruega, Suecia y Finlandia.

Por otra parte, las consecuencias económicas de la crisis de 1929 aún se hacían sentir durante el año 1939. Los índices de paro, por ejemplo, eran muy altos. Alemania, comandada brutalmente por Adolf Hitler, había conseguido reducir el paro, pero pagando un precio muy alto: un control total de la población por la violencia policíaca y el estímulo decidido a las industrias pesadas y de armamento a un ritmo frenético.

Francia e Inglaterra, las dos potencias democráticas que querían la paz a cualquier precio, habían consentido sin hacer nada que Hitler ocupase con soldados alemanes la región de Renania (1936), violando los acuerdos de Locarno de 1925. Tampoco evitaron que Hitler incorporara Austria (marzo del 1938) y después la actual Repú-

blica Checa (en septiembre) sin que franceses ni ingleses se opusieran. Alemania, pues, ante la debilidad de las democracias, había aumentado su espacio a la vez que rearmado.

Por lo que hace al este de Europa, la Unión Soviética firmó un pacto de no-agresión con Alemania, en él había añadido un protocolo secreto para repartirse Polonia en caso de conflicto bélico.

¿Por qué estalló la segunda guerra mundial?

Las causas de las guerras se suelen dividir en inmediatas (el hecho que sirve de excusa para desencadenarlas) y lejanas (las que van incubándose durante mucho tiempo antes). Las primeras acostumbran a ser de corta duración. Las segundas, en cambio, son más profundas y duraderas. Las causas de los conflictos (sean las que sean) se suelen clasificar también en ideológicas o psicológicas (ideas, estados de ánimo colectivos...), económicas y sociales (paro, nivel de vida, necesidades de territorio...), políticas (decisiones de instituciones, pactos diplomáticos...) e intencionales (intenciones de las personas en el poder, de los grupos sociales....).

Como causas lejanas de la segunda guerra mundial (de naturaleza psicológica) se suelen señalar la humillación colectiva alemana, como consecuencia del tratado de Versalles y el miedo a la revolución provocada por el triunfo comunista en la Unión Soviética.

Las consecuencias de la crisis económica de los años 30. El paro que provocó el empobrecimiento de las clases medianas originaron un alto grado de inseguridad social y de malestar. Esta inseguridad, el paro y la humillación incitaron a muchos alemanes a dar una cierta credibilidad a las promesas del minoritario partido nazi de Adolf Hitler. Este partido en sucesivas elecciones, fue obteniendo progresivamente más y más representación parlamentaria. Finalmente, asumió el poder en 1932. Hitler nombrado canciller, convirtió su poder en totalitario y no convocó más elecciones.

La ideología nazi se basaba fundamentalmente en tres puntos: la superioridad de la raza alemana, la atribución de todos los males del país a los judíos y la necesidad de ocupar "espacio vital" a costa de los países eslavos al oeste de Europa, a los cuales consideraban una raza inferior. Con el propósito de llevar a la práctica estas ideas, Hitler preparó un ejercito potente y estimuló el desarrollo de la industria de guerra. Tampoco le faltó el soporte financiero de los grandes industriales alemanes, como el de la familia Krupp, propietarios ricos de fábricas de acero, que vieron en Hitler y el partido nazi una barrera contra el comunismo.

Hitler, además, entre 1935 y 1939, consiguió unificar un gran espacio geográfico que denominó III Reich (Tercer Imperio). Finalmente pactó con la Unión Soviética para asegurarse su neutralidad.

El siguiente paso para reunificar el espacio germánico consistió en la ocupación del pasadizo de Danzing, el cual separaba Alemania de la Prusia Oriental desde la paz de Versalles. Para conseguirlo ordenó la invasión de Polonia el 1 de septiembre de 1939 sin previo aviso. Esta vez, Francia y Gran Bretaña le exigieron la retirada en veinticuatro horas. Como Alemania no hizo caso, el 3 de septiembre Francia y Gran Bretaña le declararon la guerra a Alemania. La segunda guerra mundial había comenzado.

Las fases de la guerra.
La segunda guerra mundial pasó por tres fases: la primera, bajo iniciativa alemana, duró del 1939 al 1941; la segunda fase, de guerra total, en la cual entran en escena los Estados Unidos, la Unión Soviética y el Japón, llegaría hasta el 1943; y la fase final, por iniciativa de los denominados países aliados, hasta la derrota alemana y japonesa el año 1945.

Primera fase: la guerra relámpago.

En la primera fase el ejercito alemán lanzó tres ofensivas fulgurantes. Ocupó toda Polonia en un mes, país que se repartió con la Unión Soviética. Esta última aprovechó la ocasión para ocupar Letonia, Estonia y Lituania. Lo intentó también con Finlandia pero no lo consiguió.

Una vez ocupada Polonia los esfuerzos bélicos de los alemanes se dirigieron hacia Dinamarca y Noruega con el fin de salvar el suministro de hierro sueco. En abril de 1940 fueron ocupadas sin ninguna resistencia.

Finalmente el 10 de mayo, en un ataque sorpresa con tanques, aviación y paracaidistas, toda la fuerza bélica alemana cayó sobre Francia. Los errores tácticos y la baja moral de las tropas explican la espectacular derrota francesa. El 14 de junio Paris fue ocupada por las tropas alemanas y seguidamente Francia quedó divida ocupada su parte norte por los alemanes.

El 10 de junio, deslumbrada por la fácil victoria alemana, Italia declaró la guerra a Francia y a Gran Bretaña con la esperanza de obtener parte del botín. A partir de este momento los dos fascismos (el Eje Roma Berlín) quedaban vinculados entre sí por el resto de la guerra.

Beligerante contra Alemania solo quedaba Gran Bretaña, la cual fue bombardeada de manera constante. Winston Churchill, primer ministro inglés, convenció a sus compatriotas de presentar una resistencia a ultranza aún en el caso de que la isla fuera ocupada. La defensa encarnizada de Inglaterra, con la ayuda del invento del radar, corrió prácticamente en exclusiva a cargo de la aviación, la cual inflingió grandes pérdidas a la aviación alemana. Hitler renunció a la invasión.

Segunda fase: la guerra total.

El año 1941 Hitler quería atacar la Unión Soviética, ya que creía que el espacio vital que Alemania necesitaba había de ser a costa de los eslavos, sin embargo, antes, relanzó una ofensiva sobre Yugoslavia y llegó hasta la isla griega de Creta.

El 22 de junio de 1941 las tropas alemanas se lanzaron contra la Unión Soviética. En un primer momento el avance alemán fue fácil, pero se atascó en la línea formada por las ciudades de Leningrado (hoy San Petersburgo), Moscú y Rostov. Con la llegada del invierno, a 32 grados bajo cero, la ofensiva tuvo que detenerse. La Unión Sovietica no había caído tan fácilmente como esperaban los mandos alemanes.

Durante el año 1941 los japoneses atacaron Pearl Harbour obligando a los Estados Unidos a declarar la guerra a Japón y sus aliados (entre ellos Alemania). La guerra se convirtió en auténticamente mundial afectando a todos los continentes.

Durante el año 1942 se reanudó la ofensiva alemana sobre la Unión Soviética. Los alemanes consiguieron llegar al Cáucaso pero se detuvieron definitivamente delante de la ciudad de Stalingrado (actual Volgograd). En esta ciudad los soviéticos tuvieron una resistencia heroica y terminaron derrotando a los alemanes (enero 1943). Junto con el triunfo del general Montgomery en el norte de Africa (batalla del Alameín) sobre las tropas alemanas comandadas por el general Rommel, se iniciaba la tercera fase de la guerra.

Tercera fase: la derrota del Eje.

El mes de julio de 1943 las tropas aliadas (Gran Bretaña, Estados Unidos y la Unión Soviética) iniciaron el ataque a Europa a partir de Sicilia y la península Itálica. A pesar de la invasión alemana de Italia, Roma fue liberada el 4 de junio de 1944.

El 6 de junio se inició la segunda ofensiva contra Alemania desde la península francesa de Normandía con un desembarco masivo de tropas inglesas y, sobre todo, norteamericanas. En diciembre de 1944, Francia recupe-

raba la independencia mientras los soviéticos recupera-
ban el espacio ocupado y entraban por Polonia hasta las
fronteras alemanas.

Ante la ofensiva final, y después del suicidio de Hitler,
los alemanes capitularon sin condiciones el 7 de mayo de
1945. La guerra mundial había terminado. Europa estaba devastada.

La era atómica.

Japón no se había rendido y continuaba en solitario
la guerra contra los Estados Unidos. El presidente norteamericano Harry Truman, ordenó el lanzamiento de un
nuevo ingenio, la bomba atómica, sobre Hiroshima y
Nagasaki los días 6 y 9 de agosto.

En Hiroshima murieron 78.000 civiles y muchos miles
poco después como consecuencia de la radioactividad. La
ruina que provocó las dos explosiones nucleares sobre
objetivos civiles obligaron a los japoneses a la rendición
el 2 de septiembre de 1945.

Una vez leída la narración y después de haberla comprendido,
se hace el subrayado de las ideas principales.

LA SEGUNDA GUERRA MUNDIAL

Entre el <u>1 de septiembre de 1939</u> y el <u>2 de septiembre
de 1945</u> tuvo lugar la más universal y brutal de las guerras vividas por la humanidad hasta entonces.

Europa antes de estallar la guerra.

Europa, antes de estallar la segunda guerra mundial,
ofrecía un panorama humanamente sombrío. <u>El impac-</u>

to de la primera guerra mundial, la crisis económica de 1929 y el miedo a la revolución comunista habían provocado que la mayoría de países europeos estuvieran regidos por dictaduras. Tres de estos países: Alemania, Italia y España estaban dominados por el fascismo. La Unión Soviética, presidida por Iosif Stalin, también era una dictadura, aunque basada en una ideología diferente: el comunismo. Este último sistema había llegado a ser un modelo para las clases obreras y para muchos intelectuales de los países industrializados. Otro de los factores, era la debilidad con que mantenían la democracia y la libertad en Francia, Gran Bretaña, Irlanda, Suiza, Países Bajos, Dinamarca, Noruega, Suecia y Finlandia.

Por otra parte, las consecuencias económicas de la crisis de 1929 aún se hacían sentir durante el año 1939. Los índices de paro, por ejemplo, eran muy altos. Alemania, comandada brutalmente por Adolf Hitler, había conseguido reducir el paro, pero pagando un precio muy alto: un control total de la población por la violencia policíaca y el estímulo decidido a las industrias pesadas y de armamento a un ritmo frenético.

Francia e Inglaterra, las dos potencias democráticas que querían la paz a cualquier precio, habían consentido sin hacer nada que Hitler ocupase con soldados alemanes la región de Renania (1936), violando los acuerdos de Locarno de 1925. Tampoco evitaron que Hitler incorporara Austria (marzo del 1938) y después la actual República Checa (en septiembre) sin que franceses ni ingleses se opusieran. Alemania, pues, ante la debilidad de las democracias, había aumentado su espacio a la vez que rearmado.

Por lo que hace al este de Europa, la Unión Soviética firmó un pacto de no-agresión con Alemania, en él había añadido un protocolo secreto para repartirse Polonia en caso de conflicto bélico.

¿Por qué estalló la segunda guerra mundial?

Las causas de las guerras se suelen dividir en <u>inmediatas</u> (el hecho que sirve de excusa para desencadenarlas) y <u>lejanas</u> (las que van incubándose durante mucho tiempo antes). Las primeras acostumbran a ser de corta duración. Las segundas, en cambio, son más profundas y duraderas. Las causas de los conflictos (sean las que sean) se suelen clasificar también en <u>ideológicas o psicológicas</u> (ideas, estados de ánimo colectivos...), <u>económicas</u> y <u>sociales</u> (paro, nivel de vida, necesidades de territorio...), <u>políticas</u> (decisiones de instituciones, pactos diplomáticos...) e <u>intencionales</u> (intenciones de las personas en el poder, de los grupos sociales....).

Como causas lejanas de la segunda guerra mundial (de naturaleza psicológica) se suelen señalar <u>la humillación colectiva alemana</u>, como consecuencia del tratado de Versalles y el miedo a la revolución provocada por el triunfo comunista en la Unión Soviética.

Las consecuencias de <u>la crisis económica de los años 30</u>. El paro que provocó el empobrecimiento de las clases medianas originaron un alto grado de <u>inseguridad social</u> y de malestar. Esta inseguridad, el paro y la humillación incitaron a muchos alemanes a dar una cierta credibilidad a las promesas del minoritario partido nazi de Adolf Hitler. Este partido en sucesivas elecciones, fue obteniendo progresivamente más y más representación parlamentaria. Finalmente, <u>asumió el poder en 1932. Hitler nombrado canciller, convirtió su poder en totalitario y no convocó más elecciones.</u>

La <u>ideología nazi</u> se basaba fundamentalmente en tres puntos: <u>la superioridad de la raza alemana</u>, <u>la atribución de todos los males del país a los judíos</u> y <u>la necesidad de ocupar "espacio vital"</u> a costa de los países eslavos al oeste de Europa, a los cuales consideraban una raza inferior. Con el propósito de llevar a la práctica estas ideas, <u>Hitler preparó un ejército potente</u> y estimuló el desarrollo de la industria de guerra. Tampoco le faltó <u>el soporte finan-ciero de los grandes industriales</u> alemanes, como el de la familia Krupp, propietarios ricos de fábricas de acero, que vieron en Hitler y el partido nazi una barrera con-tra el comunismo.

Hitler, además, entre 1935 y 1939, consiguió unificar un gran espacio geográfico que denominó III Reich (Ter-cer Imperio). Finalmente <u>pactó con la Unión Soviética</u> para asegurarse su neutralidad.

El siguiente paso para reunificar el espacio germáni-co consistió en <u>la ocupación del pasadizo de Danzing</u>, el cual separaba Alemania de la Prusia Oriental desde la paz de Versalles. Para conseguirlo ordenó <u>la invasión de Po-lonia el 1 de septiembre de 1939</u> sin previo aviso. Esta vez, Francia y Gran Bretaña le exigieron la retirada en vein-ticuatro horas. Como Alemania no hizo caso, <u>el 3 de sep-tiembre Francia y Gran Bretaña le declararon la guerra</u> a Alemania. La segunda guerra mundial había comenzado.

Las fases de la guerra.

La segunda guerra mundial pasó por tres fases: la pri-mera, bajo iniciativa alemana, duró del 1939 al 1941; la segunda fase, de guerra total, en la cual entran en esce-na los Estados Unidos, la Unión Soviética y el Japón, lle-garía hasta el 1943; y la fase final, por iniciativa de los denominados países aliados, hasta la derrota alemana y japonesa el año 1945.

Primera fase: la guerra relámpago.

En la primera fase el ejercito alemán lanzó <u>tres ofen-sivas fulgurantes</u>. Ocupó toda <u>Polonia</u> en un mes, país que <u>se repartió con la Unión Soviética</u>. Esta última aprove-chó la ocasión para ocupar <u>Letonia, Estonia y Lituania</u>. Lo intentó también con Finlandia pero no lo consiguió.

Una vez ocupada Polonia los esfuerzos bélicos de los alemanes se dirigieron hacia <u>Dinamarca y Noruega</u> con

el fin de salvar el suministro de hierro sueco. En abril de 1940 fueron ocupadas sin ninguna resistencia.

Finalmente el 10 de mayo, en un ataque sorpresa con tanques, aviación y paracaidistas, toda la fuerza bélica alemana cayó sobre <u>Francia</u>. Los errores tácticos y la baja moral de las tropas explican la espectacular derrota francesa. El 14 de junio Paris fue ocupada por las tropas alemanas y seguidamente Francia quedó dividida y ocupada su parte norte por los alemanes.

El 10 de junio, deslumbrada por la fácil victoria alemana, <u>Italia declaró la guerra a Francia y a Gran Bretaña</u> con la esperanza de obtener parte del botín. A partir de este momento los dos fascismos (el Eje Roma Berlín) quedaban vinculados entre sí por el resto de la guerra.

Beligerante contra Alemania solo quedaba Gran Bretaña, la cual fue bombardeada de manera constante. Winston Churchill, primer ministro inglés, convenció a sus compatriotas de presentar una resistencia a ultranza aún en el caso de que la isla fuera ocupada. La defensa encarnizada de Inglaterra, con la ayuda del invento del radar, corrió prácticamente en exclusiva a cargo de la aviación, la cual inflingió grandes pérdidas a la aviación alemana. Hitler renunció a la invasión.

Segunda fase: la guerra total.

El año 1941 Hitler quería atacar la Unión Soviética, ya que creía que el espacio vital que Alemania necesitaba había de ser a costa de los eslavos, sin embargo, antes, relanzó <u>una ofensiva sobre Yugoslavia</u> y llegó hasta la isla griega de Creta.

El 22 de junio de 1941 las tropas alemanas se lanzaron <u>contra la Unión Soviética</u>. En un primer momento el avance alemán fue fácil, pero <u>se atascó en la línea formada por las ciudades de Leningrado</u> (hoy San Petersburgo), <u>Moscú y Rostov</u>. Con la llegada del invierno, a 32 grados bajo cero, la ofensiva tuvo que detenerse. La Unión Sovietica no había caído tan fácilmente como esperaban los mandos alemanes.

Durante <u>el año 1941 los japoneses atacaron Pearl Harbour</u> obligando a los <u>Estados Unidos a declarar la guerra a Japón y sus aliados</u> (entre ellos Alemania). La guerra se convirtió en auténticamente mundial afectando a todos los continentes.

Durante el año 1942 se reanudó la ofensiva alemana sobre la Unión Soviética. Los alemanes consiguieron llegar al Cáucaso pero se detuvieron definitivamente delante de la ciudad de Stalingrado (actual Volgograd). En esta ciudad los soviéticos tuvieron una resistencia heroica y terminaron <u>derrotando a los alemanes (enero 1943)</u>. Junto con el <u>triunfo del general Montgomery en el norte de Africa</u> (batalla del Alameín) sobre las tropas alemanas comandadas por el general Rommel, se iniciaba la tercera fase de la guerra.

Tercera fase: la derrota del Eje.

El mes de <u>julio de 1943 las tropas aliadas</u> (Gran Bretaña, Estados Unidos y la Unión Soviética) iniciaron el <u>ataque a Europa a partir de Sicilia y la península Itálica.</u> A pesar de la invasión alemana de Italia, <u>Roma fue liberada el 4 de junio de 1944.</u>

El <u>6 de junio</u> se inició la segunda <u>ofensiva contra Alemania desde la península francesa de Normandía</u> con un desembarco masivo de tropas inglesas y, sobre todo, norteamericanas. En <u>diciembre de 1944, Francia recuperaba la independencia mientras los soviéticos recuperaban el espacio ocupado y entraban por Polonia hasta las fronteras alemanas.</u>

Ante la ofensiva final, y después del suicidio de Hitler, los alemanes capitularon sin condiciones el 7 de mayo de 1945. La guerra mundial había terminado. Europa estaba devastada.

La era atómica.

Japón no se había rendido y continuaba en solitario la guerra contra los Estados Unidos. El presidente norteamericano Harry Truman, ordenó el lanzamiento de un nuevo ingenio, la bomba atómica, sobre Hiroshima y Nagasaki los días 6 y 9 de agosto.

En Hiroshima murieron 78.000 civiles y muchos miles poco después como consecuencia de la radioactividad. La ruina que provocó las dos explosiones nucleares sobre objetivos civiles obligaron a los japoneses a la rendición el 2 de septiembre de 1945.

Tal como se ha dicho anteriormente, las ideas principales extraen lo esencial del tema; con ellas podemos tener una idea clara del desarrollo del tema, aunque falten detalles. Tiene la ventaja que en pocas frases se ha sintetizado los acontecimientos más importantes de la narración. De ellas, seleccionaremos las más adecuadas al tipo de esquema que nos interese construir.

Ahora ya estamos en condiciones de confeccionar un esquema. En este caso se han preparado cuatro esquemas sobre el mismo texto con el fin de mostrar su versatilidad según los intereses que se persigan. Los esquemas que veremos a continuación serán: Lineal, Secuencial, Arbóreo y el Tópico.

El Esquema Lineal

El objetivo en este esquema está más centrado en conseguir una visión de los conceptos relacionados en el mismo orden en que aparecen en la narración. Su interés se centra en la combinación del detalle y el orden narrativo.

ESQUEMA LINEAL
1-9-39 a 2-9-45

Causas
– *Causas inmediatas*
- Invasión de Polonia

– *Causas lejanas*
- Psicológicas
Humillación alemana
Miedo a la revolución comunista
- Ideológicas
Agresividad del nazismo
- Económicas
Consecuencias del crac de 1929
Soporte industrial a la política nazi
- Políticas
Debilidad de las democracias

Fases de la guerra
– *Guerra relámpago* (39-41)
- Alemania
Ocupación de Polonia
Ocupación de Dinamarca y Noruega
Ocupación de Francia
Ataque a Gran Bretaña y
posterior abandono
- Rusia
Se reparte Polonia
Ocupa Letonia, Estonia y Lituania
- Italia se une a Alemania

– *Guerra total* (hasta el 43)
- Alemania
Ofensiva sobre Yugoslavia
Ofensiva sobre Rusia
- Japón ataca Pearl Harbour
- Estados Unidos entra en la guerra

– *Derrota del Eje* (hasta el 45)
- Aliados atacan Sicilia e Italia
- Aliados atacan Francia
- Unión Soviética recupera su territorio

– *Era atómica* (8-45)
- Estados Unidos lanza la Bomba atómica
en Hiroshima y Nagasaki

El esquema Secuencial

En este caso se efectúa una representación gráfica del orden que toman los acontecimientos y sus posibles alternativas para dar una idea mucho más clara que en los otros esquemas del perfil del proceso cronológico y circunstancias de la narración.

ESQUEMA SECUENCIAL

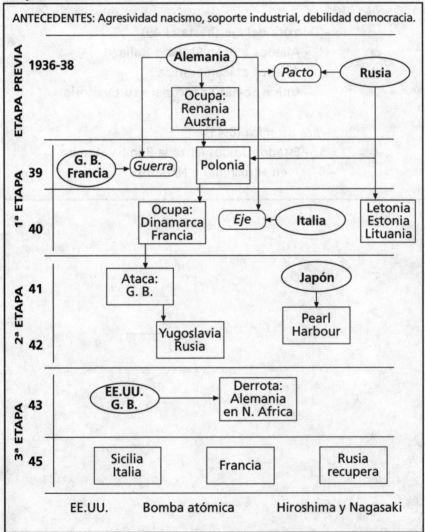

El esquema Arbóreo

En este esquema el énfasis se pone sobre la figura del protago-nista como centro de la acción, representando gráficamente las relaciones que se establecen con las demás figuras y elementos de la narración.

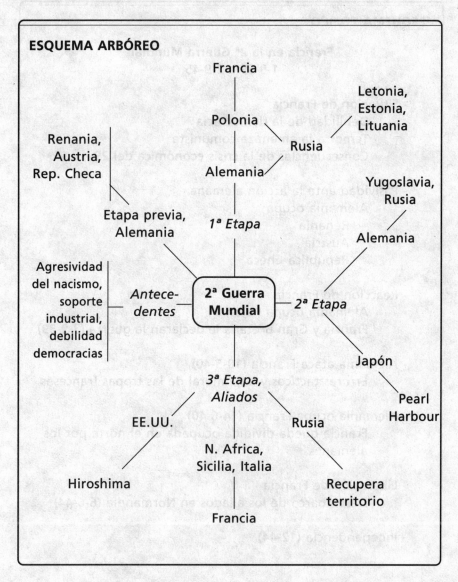

ESQUEMA ARBÓREO

El Esquema Tópico

En este esquema el interés se centra en un aspecto de la narración y sobre él, se analizan y relacionan los diferentes protagonistas con sus respectivas actuaciones.

ESQUEMA TOPICO

Francia en la 2ª Guerra Mundial
1-9-39 a 2-9-45

- Situación de Francia
      Debilidad de la democracia
      Temor a la amenaza comunista
      Consecuencias de la crisis económica del 29

- Pasividad ante la acción alemana
      Alemania ocupa
         Renania
         Austria
         República Checa

- Reacción de Francia
      Alemania ocupa Polonia
      Francia y Gran Bretaña le declaran la guerra (3-9-39)

- Alemania ataca Francia (10-5-40)
      Errores tácticos y baja moral de las tropas francesas

- Alemania ocupa Francia (14-6-40)
      Francia queda dividida ocupada en el norte por los alemanes

- Liberación de Francia
      Desembarco de los aliados en Normandía (6-6-44)

- Independencia (12-44)

Trabajar con esúmenes

Otra manera de estructurar la información es por medio del resumen. Resumir es explicar o describir algo de forma breve y precisa; el objetivo del resumen es la exposición abreviada de un tema donde se presentan todas las ideas principales bien enlazadas, sin dar impresión de discontinuidad, ni perder el sentido original del tema; motivado por un interés de espacio, de tiempo, o para tener una visión sintética.

Tal como se desprende de lo dicho, el resumen tiene algunas características en común con el esquema, por lo tanto, también se requiere desarrollar la capacidad de discriminación para seleccionar lo importante de lo accesorio en el texto.

¿Cómo confeccionar un resumen?

Además de lo dicho respecto a la definición y características del resumen se añaden algunas sugerencias que ayudarán a su confección.

- Un resumen no puede ser una colección de ideas, ni una simple enumeración, sino que deberá tener unidad y sentido pleno, aunque el punto y seguido sea el medio de enlace.

- La presentación de un resumen deberá recordar un texto normal. Su desarrollo es horizontal.

- El resumen es una interpretación personal de las ideas contenidas en un texto.

- Un buen resumen contendrá las ideas principales para poder, mediante y sólo con él, reproducir todo el texto.

- Su extensión no deberá sobrepasar la cuarta parte del texto original.

- No se debe hacer un resumen sin haber extraído previamente notas del contenido.

Lo propio es hacer en primer lugar una lectura explorativa del texto para tomar una idea general, y seguidamente otra lectura detenida en la que se irán subrayando todas las ideas fundamentales; se comprobará si el subrayado expone fielmente el contenido del texto, y partiendo de éste, hay que poner en lenguaje propio las ideas más destacadas dándole orden y estilo de continuidad.

Veamos ahora un ejemplo basado en la exposición de la segunda guerra mundial con el fin de completar el trabajo hecho con los esquemas y tener un desarrollo completo de las diferentes maneras de estructurar la información.

LA SEGUNDA GUERRA MUNDIAL

La segunda guerra mundial tuvo lugar entre 1-9-39 y el 2-9-45. Su inicio fue en Europa donde se dieron una serie de causas que facilitaron el episodio.

Como causas lejanas y de carácter psicológico, pueden citarse la humillación alemana como consecuencia del tratado de Versalles y el miedo a la revolución comunista que afianzaba con más fuerza a los dictadores. En el aspecto ideológico contribuyó de forma determinante la agresividad del nazismo basado en la superioridad de la raza alemana, la culpabilización de los judíos y la necesidad de más espacio vital. Por otra parte en el área económica, estaban presentes las consecuencias de la crisis de 1929 y el soporte que la industria alemana dio a la política nazi. En el ámbito político, contribuyó la debilidad de las democracias existentes que optaron por la pasividad cuando Alemania ocupó Renania y Austria.

Como causa inmediata, la invasión de Polonia por los alemanes provocó la declaración de guerra por parte de Francia y Gran Bretaña.

La guerra pasó por tres fases: La primera fue una guerra relámpago en la que Alemania conquistó Polonia, Noruega, Dinamarca y seguidamente Francia. Paralelamente, la Unión Soviética se adjudicó la mitad de Polonia, e invadió Estonia, Letonia y Lituania. También Italia se unió a Alemania. Sólo quedó Gran Bretaña luchando a la que Alemania no pudo vencer.

En la segunda fase se implican otras naciones extendiéndose la guerra al resto de los continentes. Alemania ataca a Yugoslavia y la Unión Soviética, quedando frenada a la altura de Leningrado, Moscú y Rostov. Los japoneses atacaron Pearl Harbour obligando a los Estados Unidos a declarar la guerra a Japón y sus aliados. Los alemanes fueron derrotados en Stalingrado por los soviéticos y en el norte de África.

En la tercera fase se produce la derrota del Eje al comenzar el ataque las tropas aliadas por Sicilia e Italia. Seguidamente se produce el desembarco de tropas en Normandía recuperando Francia la independencia, mientras, los soviéticos recuperaban el espacio ocupado y entraban por Polonia hasta las fronteras alemanas. Hitler se suicida y los alemanes se rinden sin condiciones (7-5-45). Aún quedaba Japón en guerra con Estados Unidos. Truman ordenó lanzar la bomba atómica sobre Hiroshima y Nagasaki (6 y 9-8-45) y los japoneses se rindieron (2-9-45).

Confección de fichas

Las fichas son otro instrumento de trabajo muy útil y manejable. Sus características distintivas y esenciales son las siguientes:

Las fichas

- Un formato especial, generalmente es una pieza de cartulina de pequeñas dimensiones (7x12 cm., 10x15 cm.).

- En las fichas se registra una información muy específica y concreta respecto a lo que le da nombre, básicamente datos.

- Las fichas están colocadas dentro de un conjunto ordenado que facilita una localización inmediata.

- Dentro del fichero pueden haber varias clasificaciones.

- El criterio de ordenación o clasificación puede variar según el interés que se persiga (cronológico, alfabético, etc.).

- El conjunto de fichas tiene alguna o varias características en común.

Como ejemplo de aplicación, podría interesarnos contar con un fichero de religiones y sectas donde cada ficha reflejaría de forma esquemática las características de cada una de ellas.

Ejemplo de ficha

BUDISMO

Buda: El iluminado.
Vivió entre los años 560 y 480 a. J. C.
Nació en Nepal y falleció en Kusinara.
Predicó durante más de 40 años en la India.
Más de 300 millones de adeptos.
Mezcla de elementos religiosos, éticos y filosóficos que tienden a la supresión del dolor en la vida humana por medio del conocimiento.
La máxima aspiración es alcanzar el Nirvana.
Principios: 1) El sufrimiento es universal. 2) La causa del sufrimiento es el deseo de poseer cosas. 3) La cura del sufrimiento pasa por eliminar el deseo de poseer. 4) El deseo de poseer se elimina viviendo con arreglo al "Camino de los ocho elementos".

El Cuadro Sinóptico

Es un instrumento derivado del esquema; se puede definir como una disposición gráfica que muestra o representa cosas relacionadas entre sí, facilitando su visión conjunta.

Éste sería el caso contrario de la ficha. Sería como exponer todo el fichero de una sola vez. Por supuesto, es necesario representarlo en una sola unidad, aunque la hoja de papel sea dos o tres veces el tamaño normal.

Puede tener diferentes formatos dependiendo del modo que deseamos estructurar la información. Un formato que suele usarse con frecuencia es el llamado "cuadro de doble entrada". En sentido vertical se colocan los distintos elementos que deseamos relacionar, y en sentido horizontal los conceptos que son origen de su relación.

La ventaja más importante es el facilitar una integración en nuestra mente de todo el conjunto de elementos y conceptos, pues en una sola mirada podemos examinar las diferentes relaciones, contraste y características.

A continuación hallaremos un ejemplo de cuadro sinóptico en el que hemos utilizado el criterio de doble entrada.

Estado	Ciudad	Superficie En Km² 1999	Población En miles	Esperanza de vida En años	Consumo energético Kwlh por hab.
Afganistán	Kabul	652.225	23.400	43.5	
Alemania	Berlín	356.733	82.400	76.4	6.615
Argentina	Buenos Aires	2.780.092	36.100	72.6	1.993
Australia	Camberra	7.682.300	18.500	78.2	9.706
Austria	Viena	83.859	8.200	76.7	6.727

La reflexión

Por reflexionar se entiende volver a considerar una cosa más detenidamente, o sea, meditar en ella, aplicar nuestra capacidad de pensar y razonar descubriendo aspectos más interesantes de los que se pueden apreciar a primera vista, sacar todas las conclusiones y aplicaciones posibles.

La reflexión es una función esencial para crecer, pues el hecho de aprender de memoria algo puede que por sí mismo no nos aporte nada nuevo, pero sí la reflexión, pues al reflexionar nos enriquecemos intelectual y espiritualmente.

A continuación vamos a ver una serie de sugerencias para desarrollar la facultad de la reflexión, las cuales, al aplicarlas de forma habitual, nos darán la satisfacción de descubrir por nosotros mismos la riqueza que encierra cualquier cosa que podamos observar. Nos daremos cuenta cómo podremos generar muchas ideas sobre un mismo tema, donde antes nos habíamos quedado atascados.

Sugerencias para potenciar la reflexión

- El sistema básico para "exprimir" una información y poder extraer mucho más de lo que a simple vista contiene, consiste en someterla a una serie de preguntas que debemos tratar de contestarnos nosotros mismos de la forma más coherentemente posible. Las preguntas podrían ser: qué, cómo, cuándo, cuánto, cuál, dónde, por qué, para qué, quién, etc.

- Podemos provocar cambios en los factores de la información y tratar de volver a aplicar las mismas preguntas. Por ejemplo: «Si no hubiera ocurrido de tal forma, ¿qué hubiera pasado?»

- Cambiar el contexto para poder examinar los hechos o las situaciones con diferentes consecuencias.

- Examinar la información desde diferentes perspectivas.

- Buscar aplicaciones de tipo moral o práctico.

- Hacer exageraciones de los hechos para ver la consistencia de sus valores.

- Contrastar la nueva información con la que poseemos.

- Realizar inferencias a partir de la información presentada hacia otras áreas de conocimiento.

- Extrapolar a partir de la situación actual para tener idea de su evolución.

- Sacar deducciones y conclusiones.

Para ver con más claridad la importancia de este aspecto del trabajo intelectual, vamos a aplicar la reflexión sobre el siguiente párrafo:

EJERCICIO DE REFLEXION

«El agua de los ríos es un recurso importantísimo para la vida de la sociedad. Su utilización es básica para regar los campos de cultivo, para beber, para usos domésticos y para la actividad industrial.»

¿Qué razones hay para pensar que el agua es un recurso tan importante?

¿Por qué el agua del mar no puede utilizarse de la misma forma que la de los ríos?

¿Cuántas cosas dependen del agua?

¿Por qué conlleva tantos conflictos sociales?

¿Qué pasaría si este recurso se redujera o se deteriorara?

¿Cómo se debe cuidar y proteger este recurso para conservarlo?

¿Cómo se puede maximizar su utilización?

¿Es beneficioso el control que el ser humano hace sobre los caudales de agua?

Y así se podría continuar con docenas de preguntas que nos ayudarían a conocer muchas cosas sobre el agua al tener que documentarnos y contestar de forma coherente.

Algunas características importantes de la reflexión son:

- Relacionar la información nueva con la que ya poseemos.

- Hacer esta relación de forma creativa.

- Descubrir aspectos de la información recibida que están implícitos pero no explícitos.

- Encontrar incógnitas que nos comprometen a dar una respuesta.

- Este nuevo compromiso pone en marcha facultades, recursos y conocimientos mentales que de otra forma no entrarían en juego.

- Convertir la información en un instrumento útil para un fin determinado.

- Desarrollar nuestra capacidad de comprensión y procesamiento mental al asimilar los nuevos conceptos y aumentar la estructura de conocimientos y relaciones entre ellos.

¿Puedes recordar bien?

El principal objetivo de la recuperación es recordar la información que se desea cuando se quiera. Esto constituye un verdadero problema en muchas ocasiones, pues la información está en nuestra mente, pero no es accesible a nuestra conciencia.

Actualmente el conocimiento de la memoria sigue siendo un secreto para la ciencia, aunque se saben algunas cosas sobre los diferentes tipos de memoria y su funcionamiento.

Dos estadios de memoria

Hay diferentes enfoques en cuanto a definir los distintos tipos de memoria que poseemos. Uno de los más modernos hace una dicotomía entre *memoria activa* y *memoria inactiva*.

La Memoria Activa corresponde a la conciencia de un fragmento de información que se actualiza y recibe atención del procesador mental.

En este proceso se realizan operaciones de control, tales como codificación, repetición, imágenes mentales y otras. La información de la Memoria Activa puede ser tanto nueva y procedente del exterior, como antigua y procedente de la Memoria Inactiva.

Resulta sorprendente la escasa capacidad de este mecanismo de memoria. Sin embargo, este aparente déficit se ve compensado por la existencia de una huella permanente en la Memoria Inactiva. Así es que nuestra experiencia intuitiva nos señala que poseemos una cantidad muy grande de información almacenada y disponible por tiempo indefinido.

Nuestros conocimientos léxicos, nuestras habilidades como la de conducir, la multitud de recuerdos autobiográficos que podemos evocar a voluntad, nuestros conocimientos teóricos o prácticos sobre tantas áreas de conocimiento, evidentemente no son consecuencia de nuestra experiencia temporal inmediata, sino de un almacenamiento por tiempo ilimitado.

La información almacenada en esta estructura permanece en un estado latente, y sólo se recuperan fragmentos de información eventualmente cuando las demandas ambientales o una determinada tarea así lo exige.

Por ejemplo, ante la pregunta: ¿Cuáles son los días de la semana?, inmediatamente respondemos sin error. El segmento de información: *"lunes, martes, miércoles, jueves, viernes, sábado y domingo"* permanecía almacenado en un estado no activo en la Memoria Inactiva. En el momento que la pregunta anterior se formuló, se desencadenó el proceso de recuperación de esta información.

Operaciones básicas

Hay dos operaciones fundamentales en los procesos de memoria: La *codificación* y la *recuperación de la información*.

La *codificación* es un conjunto de procesos imprescindibles para el almacenamiento de información en la memoria. Los procesos de codificación son responsables de la transformación de los estímulos sensoriales en pautas de información significativas y asimilables por los sistemas de memoria.

La *codificación* implica niveles distintos que se seleccionan de modo flexible en cada situación. Por ejemplo, ante una obra pictórica, puede hacerse un procesamiento perceptivo de las formas y colores, otro temático, otro de contraste entre el título de la obra

y su contenido, las analogías que determinada persona puede hacer en función de los conocimientos artísticos que posee, el análisis de las emociones que despierta el cuadro, el juicio valorativo de la obra, etc.

Así pues, los distintos niveles de codificación no son equivalentes, sino que influyen diferencialmente en la probabilidad de recuerdo de la información.

En los diferentes niveles de codificación, los más superficiales, codifican las propiedades físicas y sensoriales de la información, mientras que los más profundos implican un análisis de propiedades semánticas. Por tanto, la codificación más profunda produce una huella anímica más fuerte y duradera.

Una idea fundamental es que la memoria no es un sistema pasivo, sino que su *funcionamiento depende de lo que hace la persona con la información que recibe.*

Los procesos de codificación están estrechamente interconectados con *los procesos de recuperación.*

Tulving fue un eminente investigador de la Memoria Inactiva. Comprobó que cuando a las personas se les proporcionan claves de recuperación pueden recordar cosas que de otro modo no podrían. Sin embargo, lo que acontece en el momento del almacenamiento es igualmente importante.

Insistió en la idea de que para poder recordar bien, la persona debe de establecer las reglas de codificación en la fase de almacenamiento, las cuales, debe aplicar en el momento del recuerdo. A esto le llamó *el principio de codificación específica.*

Entonces, una clave de recuperación puede proporcionar acceso a la información disponible sobre un evento almacenado en la memoria. La condición necesaria es que haya sido almacenada como parte de la huella de memoria de tal evento.

Además de este principio de recuperación, la probabilidad de evocar un recuerdo depende también de los indicios ambientales y las estrategias que la persona utiliza expresamente en la situación de recuerdo.

Por ejemplo, una persona va por la calle observando los escaparates de los comercios, de pronto, su mente es asaltada por una idea que secuestra toda su atención. Se ha acordado que el aniversario de su boda es la próxima semana. ¿Qué ha suscitado esta idea? El hecho de ver un vestido de novia expuesto en uno de los escaparates.

En la mente de esta persona se ha activado un mecanismo de asociación entre una imagen actual y un evento futuro, este fenómeno le va a permitir corresponder de forma adecuada al próximo evento.

Un mecanismo sorprendente

Después de lo dicho anteriormente, se pude asegurar que uno de los mecanismos mentales más potentes para facilitar el recuerdo es la *Asociación*.

Nuestra mente es capaz de recordar información de diferentes maneras. Unas veces la información está fresca en nuestra mente y sólo hemos de realizar el acto de voluntad de recordar esta información para que fluya sin más problema. Otras veces no está presente, pero se recupera de forma espontánea, o por un proceso de deducción, por una asociación fonológica o una asociación de imágenes mentales. Pero de todas las alternativas de recuerdo, la que puede ser mejor controlada por nosotros es la que se elabora en base a la asociación.

Todo el aprendizaje que puede realizar el ser humano está relacionado con la asociación. Si no tuviéramos la capacidad de asociar nuestro aprendizaje sería muy limitado. En cualquier orden social se dan claves para que las personas realicemos determinadas conductas.

Por ejemplo, las calles y carreteras están llenas de señales de diferentes tipos que nosotros asociamos con lo que conviene hacer en cada caso. La capacidad de realizar aquel comportamiento concreto con toda la información necesaria, se encuentra almacenado en nuestra mente, pero sólo la señal que aparece ante nosotros es capaz de desencadenar todo el mecanismo completo de comportamiento.

Cómo codificar la información

Si nuestra intención es recordar la información cuando nos interese, es evidente que tendremos que hacer algo especial con ella para que nuestra mente la procese de tal manera que sea accesible sólo con desearlo.

Nos sería poco útil recordar una información importante fuera de lugar y tiempo. No podemos dejar al azar, o a otros factores que están fuera de nuestro control el recuperar de nuestra Memoria Inactiva aquella información que necesitamos en un momento determinado.

Las estrategias que se presentan a continuación reúnen unos aspectos fundamentales para conseguir el recuerdo voluntario. A través de ellas se podrá suministrar la información a la mente de forma significativa, agrupada y asociada.

Procesar en profundidad

Establecer un sistema de claves

La habilidad para descubrir las claves de una información es una de las cuestiones esenciales para asegurar una buena recuperación.

En toda idea hay una palabra que resume el sentido a su mínima expresión. La palabra puede estar contenida en el texto y será muy fácil identificarla después de haber comprendido la idea.

¿La agresividad es una respuesta a la frustración?

Es una noche calurosa, estamos en los dormitorios de una residencia universitaria. Cansado y sediento, después de dos horas de estudio, le pides unas monedas a un amigo y te diriges hacia la primera máquina distribuidora de gaseosas frescas. Justo la máquina hace desaparecer las monedas, saboreas la bebida cola burbujeante, fría y vigorizante. Pero cuando pulsas el botón no obtienes respuesta. Lo pulsas otra vez. Ahora pulsas el botón de devolución de monedas y ni siquiera te devuelve tu inversión monetaria. Tienes la sensación de que las fauces se te han apergaminado. Golpeas los botones de nuevo. Los pegas con toda tu fuerza y terminas sacudiendo la máquina y empujándola. Arrastrando los pies te vuelves a tus libracos, con las manos vacías y el bolsillo también. ¿No sería bueno que tu compañero de cuarto tomara precauciones también?

Las palabras clave de esta narración son:

Sediento, máquina de gaseosas, monedas, golpear, frustración.

Es necesario, pues, hacer un pequeño esfuerzo de reflexión sobre cada idea seleccionada como importante para reducirla a una palabra que contenga todo el sentido de la idea. Es evidente que si quitásemos las palabras que hemos señalado como claves de la narración anterior, esta narración perdería todo su sentido y pasaría a ser un conjunto de frases incomprensibles.

Este es el punto de referencia más importante para poder hacer la selección de las palabras clave. Dos sencillas reglas nos ayudarán a hacer una selección correcta.

a) Se debe analizar la frase desde la siguiente perspectiva: De

estar o no estar contenida la palabra que se ha seleccionado como clave en el texto, ¿seguirá teniendo sentido la idea
en la frase? La respuesta a esta pregunta nos dará una prueba
evidente de la importancia semántica que tiene la palabra
dentro de la idea.

b) Se debe comprobar la potencia asociativa que tiene la palabra. Esto se puede hacer centrando la atención en la palabra y comprobando cuán rica es su capacidad de evocación
para el lector, en cuanto a que le proporciona la representación mental de la idea o el resto de detalles que contiene
la misma.

En general las palabras clave suelen ser sustantivos o verbos fuertes.
Es posible que al hacer el análisis de una frase seleccionada como
importante por la idea que contiene, nos encontramos que no podemos señalar ninguna palabra como clave según la descripción que
se ha acabado de hacer.

En este caso habrá que ser un poco creativos y adjudicar la palabra que sea capaz de cumplir el requisito de contener en su significado todo el sentido de la idea que nos interesa resumir. Ésta
sería una palabra *concepto*. Podría ocurrir en casos especiales, que
tuviéramos que seleccionar una *expresión concepto*, cuando una
sola palabra no fuera suficiente para contener el sentido de la idea.
En ningún caso se usará expresiones de más de dos o tres palabras, pues entonces perdería todas las ventajas que se le atribuyen
como claves de recuperación.

Si volvemos al ejemplo de la narración anterior, la última palabra seleccionada como "clave", es una palabra "concepto": *frustración*, que correspondería a la siguiente expresión: *Arrastrando
los pies te vuelves a tus libracos, con las manos vacías y el bolsillo también.*

¿Qué se hace con las claves?

La primera evidencia histórica sobre un sistema eficaz para recordar se sitúa hace unos 2.500 años, época en la que Simónides (famoso poeta griego) desarrolló una técnica dirigida a la memorización de discursos por los oradores. El procedimiento consistía en elaborar una imagen de un escenario familiar, y generar imágenes específicas de los objetos o eventos que se pretende recordar, situándolas en determinados lugares del escenario. Así, para memorizar una lista de palabras (palabras clave), se elaboran imágenes de las mismas y se sitúan en lugares bien conocidos de un trayecto habitual o en puntos determinados de un lugar muy familiar como pueda ser el propio domicilio. Posteriormente, para recuperar la información bastaría con que se volviese a recorrer mentalmente el trayecto viendo los contenidos que se situaron en cada lugar.

Otro sistema que se utiliza con mucho éxito cuando se trata de recordar una serie de conceptos desligados entre sí, es el siguiente: Se construye una historia con las palabras clave que establezca una relación lógica entre los conceptos que hay que recordar. Por ejemplo, los conceptos: *Sediento, máquina de gaseosas, monedas, golpear y frustración*, son fáciles de recordar porque siguen una secuencia racional integrada en una historia.

Si hubiera que memorizar las palabras clave simplemente por repetición, sin establecer ninguna conexión, no sólo habría que hacer un mayor esfuerzo, sino que, la posibilidad de olvidar alguno o confundir el orden en la secuencia, se potencia con el paso del tiempo.

El secreto para una recuperación fácil y correcta, es establecer siempre un sistema de asociación. Este sistema de asociación puede tener dos alternativas:

- Asociar los nuevos conceptos con otros que nos son familiares.

- Asociar los nuevos conceptos entre sí construyendo una historia creativa.

UN EJEMPLO

Imagina que...

Debemos recordar los nombres de los elementos que componen el oído: Pabellón auricular, conducto auditivo, tímpano, martillo, yunque, estribo, ventana oval, vestíbulo, conductos semicirculares, cóclea, conducto auditivo interno, etc.

Imagínate por un momento que un enanito quiere hacer una exploración por tu oído, llega al *pabellón auricular* de tu oreja y después de deslizarse por los pliegues externos se introduce por el *conducto auditivo* y avanza hasta que se topa con el tímpano, con sus manos abre una pequeña grieta y se introduce en el oído medio, allí se sorprende porque cree que ha entrado en una herrería, pues se encuentra con un *martillo*, un *yunque* y un *estribo*. De ahí, accede al oído interno por medio de la ventana oval, perdiéndose en un laberinto donde hay un *vestíbulo* y unos *conductos semicirculares* que le llevan a la *cóclea*, en ella da unas vueltas y va a parar al *conducto auditivo interno* viéndose obligado a descansar a causa de lo mareado que se encuentra...

Recuperar con las claves

Lógicamente, cuando nos enfrentamos al repaso no es necesario volver a leer todo el material, como lo hacen muchos estudiantes que no conocen los sistemas de trabajo que se han ido exponiendo.

Lo propio es realizar en nuestra mente el ejercicio de recuperación de la información que deseamos, auxiliados por las palabras clave que nos suministrarán el resto de información que a ellas se encuentra unida.

Una vez efectuada esta operación, se comprobará consultando el texto, cuán buena ha sido la recuperación que hemos hecho. Si se nos ha pasado por alto algún detalle, volveremos a poner atención reforzando la asociación del detalle olvidado con los que se recuerdan con seguridad. En el próximo repaso se podrá comprobar que la corrección ha quedado bien solucionada.

Multiplica el poder de tu memoria

No es necesario escribir sobre la importancia que la memoria tiene en el ser humano. Gracias a ella somos lo que somos. ¿Puedes imaginarte a ti mismo sin memoria?, ¿qué serías si no recordaras nada de todo lo que has aprendido desde que naciste? Sé que es muy difícil de imaginar, pero considera otro aspecto: dependiendo de lo que se registra en nuestra memoria y de la intensidad con que se hace, tenemos unas pautas mentales que nos hacen comportarnos de una forma u otra y ser competentes en determinadas actividades mientras que en otras no.

Por estas razones es fácil comprender que nuestra capacidad de memorizar es fundamental en nuestra vida. Nuestra memoria determinará en buena parte cómo será nuestra vida. Disponer de los conocimientos adecuados en el momento oportuno marcará la diferencia entre la competencia y la incompetencia, o entre la sabiduría y la insensatez.

El objetivo de este capítulo es doble. En primer lugar, ayudarte para que puedas desarrollar tu memoria natural a un nivel muy superior del que estás disfrutando actualmente. En segundo lugar, suministrarte una serie de técnicas que te facultarán como un superdotado en memoria.

Desarrollo natural de la memoria

La concentración

La concentración mental se refiere a aquel proceso mediante el cual la voluntad inhibe o regula las funciones anímicas internas de representaciones y pensamientos, seleccionando aquellos que tienden a un fin determinado.

La concentración también es una facultad que se desarrolla con el entrenamiento. Tal como se ha dicho, nuestra voluntad puede dirigir las capacidades mentales y seleccionar la atención sobre el objeto que se desee. Puede ser sobre nosotros mismos: en el apartado titulado "Control emocional" se podrá encontrar una de las formas de concentración que se aplica al control del propio organismo. Puede también dirigirse la atención sobre objetos externos a nosotros e internos de nuestra mente.

En esta sección vamos a exponer tres ejercicios para poder desarrollar esta facultad para ponerla bajo el control de nuestra voluntad.

a) *El primer ejercicio está dedicado a controlar el flujo de nuestro pensamiento.* El objetivo aquí es conseguir hablar durante tres periodos de tiempo bien determinados sobre tres temas totalmente diferentes. La práctica podría ser de la siguiente manera: Colocamos un reloj ante nosotros, y en un papel escribimos el nombre de tres temas (por ejemplo: la salud, el tiempo y la moda). Establecemos un tiempo para cada tema (3, 2 y 4 minutos). Empezaremos a hablar todo lo que se nos ocurra sobre el primer tema, atentos a no desviarnos de él, aunque nuestra mente nos inducirá a ello. En caso que ocurriera, volveremos automáticamente al tema, nos esforzaremos por no quedarnos en blanco, exprimiendo nuestra mente para cumplir el objetivo. En el mismo momento de cumplirse los tres minutos, cambiaremos de inmediato al segundo tema realizando la misma operación y, así también con el tercero.

Este ejercicio realizado durante algún tiempo nos dotará de gran control sobre la tendencia anárquica que guía nuestro flujo de pensamiento.

b) *El segundo ejercicio está dedicado a sujetar el funcionamiento de nuestra mente a una actividad monótona para conseguir que el proceso de pensamiento se sujete a la voluntad y no al contrario.* Con los ojos cerrados, imaginaremos delante de nosotros una gran pizarra en la que podemos escribir y borrar. Tomaremos una tiza imaginaria y escribiremos en ella un gran número 1. Lo observaremos durante tres segundos, tomaremos el borrador y lo haremos desaparecer quedando la pizarra limpia de nuevo. Entonces volvemos a escribir con la tiza el número 2 y procederemos igual que antes, lo observaremos durante tres segundos y lo borraremos. Así seguiremos avanzando hasta el número 10 el primer día. En el caso que viniera cualquier pensamiento extraño a esta actividad que pudiera distraernos, lo rechazaremos volviendo a poner toda nuestra atención en el ejercicio. El segundo día, partiendo igualmente desde el número 1 intentaremos llegar hasta el 20.
Se considera que una persona tiene un buen nivel de concentración cuando es capaz de realizar este ejercicio desde el 1 al 100 sin que su mente se distraiga en otros pensamientos.

c) *El tercer ejercicio consta de una actividad doble. Se trata de poder concentrar nuestra atención de forma simultánea en dos actividades mentales distintas.*

Tomaremos una página de un libro o revista. El objetivo aquí será conseguir que, realizando la actividad de leer, podamos tomar conciencia de las ideas que se expresan, y a la vez, notar todas las veces que sale una determinada letra (por ejemplo la b), lo cual haremos marcándola con un lápiz. Terminada la lectura comprobaremos nuestra eficiencia explicando con nuestras palabras el significado de lo leído y repasando con una mirada rápida si nos hemos dejado alguna letra por marcar.

Si se quiere aumentar la dificultad de este ejercicio, se procederá del mismo modo, pero marcando dos letras distintas a lo largo de la lectura (m, p).

Aunque se podrían sugerir mucho otros ejercicios para desarrollar la facultad de la atención concentrada, pensamos que los anteriores son suficientes para conseguir un nivel muy bueno de concentración. Se deja a la imaginación del lector el diseñar otros ejercicios similares, si lo desea.

La percepción y registro visual

La capacidad de percepción visual es una facultad que se presta a un desarrollo fácil. Para percibir hay que observar, no sólo mirar. Hay que tomar conciencia de todos los elementos que componen un conjunto, con sus características y relaciones.

En estudios realizados sobre percepción visual, se ha encontrado que en general las personas recuerdan un 10% de los estímulos presentados. Además, lo que se recuerda no es exacto, sino que ha sido transformado a causa del modo personal de interpretar lo que se ve.

Es evidente que para ver realmente es necesario realizar un trabajo mental interactivo con la información que recibimos. Entonces es cuando la facultad de la observación hace posible un procesamiento de la información más profundo en nuestra mente y podemos percibir con agudeza y recordar con precisión.

Hay tres factores básicos que determinan la eficacia de la percepción:

El requisito es establecer el sistema para suministrar a nuestra mente la información de forma que ésta efectúe un procesamiento más profundo para poner en juego las diferentes facultades con que nuestra mente cuenta en el proceso de recepción activa de la información, como son: Preparación, Exploración, Visualización y Verificación.

Al practicarlo de forma habitual, se desarrolla una nueva forma de interrelacionarse con la información visual. Como resultado, sin tener conciencia de hacer ningún esfuerzo especial nuestra mente capta con mucha más intensidad y el recuerdo pasa a ser completo y preciso.

A continuación vamos a ver con más detalle el sistema que asegura una correcta percepción visual. Desarrollaremos esta facultad de una forma progresiva.

El primer paso es percibir objetos sencillos de forma correcta. Para poderlo conseguir procederemos de la siguiente forma:

Poner delante un objeto familiar como puede ser un lápiz y aplicar sobre él una percepción activa:

Preparación. Buscar los puntos o zonas de referencia para relacionar o encuadrar todo el resto del contenido de la imagen.

Exploración. Observar los detalles por zonas de referencia. Contarlos, compararlos entre sí, y relacionarlos.

Visualización. Reconstruir mentalmente la imagen en la imaginación.

Verificación. Comparar la fidelidad de la imagen mental con la real.

Cuando la imagen se desvanezca y os sea difícil visualizarla correctamente, abrid los ojos y repasad el objeto volviendo de nuevo a visualizarlo mentalmente comprobando que se ha registrado una buena representación.

Cuando se haya conseguido poder impresionar en nuestra mente con facilidad objetos con una sola mirada atenta, pasaremos a practicar con imágenes complejas.

El sistema a seguir es el mismo que para las imágenes más simples: Preparación, exploración, Visualización y Verificación. Pero haremos énfasis en que lo propio es avanzar de lo global a lo particular, y seguir un orden en el avance de la observación, puesto que nuestra mente, cuando tenga que hacer la reconstrucción mental, también lo seguirá.

Cuando desarrollemos cierta habilidad, podremos beneficiarnos de muchas aplicaciones prácticas en el estudio y en la vida diaria: recordar con fidelidad las ilustraciones aclaratorias de los libros de texto, difícilmente se nos olvidará una cara, el lugar donde hemos puesto determinado objeto, un paisaje, un mapa, los asistentes a una reunión o mil detalles más que al querer recordar confundimos o nos resulta muy difícil recuperar en nuestra mente.

Un ejercicio de percepción visual sobre una imagen compleja podría ser el que sigue:

EJERCICIO DE PERCEPCIÓN VISUAL

Seguiremos el sistema expuesto anteriormente y podrás comprobar la eficacia en cuanto a la fidelidad del recuerdo y el poder de retención aunque no seas una persona especialmente dotada en esta facultad mental.

Preparación

En esta imagen tenemos como fondo de escenario: la perspectiva de la pared terminada en la columna y el suelo de baldosas con la escalera al final. La mesa y el sillón completan los puntos de referencia.

Exploración
EN LA PARED

Hay una cornisa que divide la pared horizontalmente en dos partes.
Las dos pinturas apoyadas sobre la cornisa están colocadas en forma horizontal la de la izquierda y vertical la de la derecha.
En la pintura de la izquierda hay una imagen compleja y en la de la derecha el busto de una mujer morena puesta de perfil.
Debajo de la pintura horizontal, y detrás del sillón, en el suelo, apoyadas en la pared hay cinco pinturas y un marco.

EL SILLÓN

Está construido en madera torneada con respaldo y asiento de mimbre, tiene apoyabrazos, las patas en forma de V invertida.... En el asiento hay una cesta de mimbre con nueva piezas de fruta y un cojín con franjas de diferentes colores colocado verticalmente que se apoya en el respaldo.

LA MESA

Está debajo de la pintura vertical pegada a la pared, es semicircular, las tres patas que tiene son de varilla de hierro en forma de C, y están unidas a media altura por un semicírculo que sirve de estante a dos lienzos enrollados.
En la plataforma superior hay dos candelabros, el de la derecha, más alto, sigue una lamparita en forma de seta y un recipiente de cerámica con cinco pinceles, detrás está la paleta de pintor, etc., etc.

Visualización

Cuando hayas terminado de observar todos los detalles, cierra los ojos y visualiza en tu mente la imagen repasándola en el mismo orden que la has explorado notando cada uno de los detalles en su tamaño, forma, posición, etc. relacionándolos con todo el conjunto de la imagen.

Verificación

Abre los ojos y comprueba con qué fidelidad has visto en tu mente la imagen real.
Unos cuantos ensayos te convertirán, no sólo en un gran observador, sino también desarrollarán enormemente la facultad de retener imágenes con precisión.

La percepción y registro auditivo

Igualmente que en la percepción visual, se podría diferenciar entre *oír y escuchar*. Oír podría ser una actividad pasiva, mientras que el concepto de escuchar manifiesta un estado activo donde se aplica la atención a lo que se oye.

Si la precisión en el recuerdo visual es deficiente, mucho más lo es en el auditivo; de tal forma que muchas veces aseguramos haber oído determinada palabra, cuando no se ha pronunciado, aunque probablemente sí se ha expresado la idea que representa.

Los mismos factores básicos que se consideraron en la percepción visual que determinan la eficacia perceptiva, también están presentes aquí: el interés que nos crea lo que estamos escuchando, la interpretación que realizamos de lo que recibimos y la capacidad para registrar con claridad los sonidos que detecta nuestro tímpano.

El tercero de los tres factores que se acaba de mencionar es el que se necesita como base para una buena percepción.

Vamos a presentar algunas sugerencias para mejorar sensiblemente la capacidad de percibir bien auditivamente.

El ejercicio más elemental es el siguiente: Tomaremos conciencia en el mismo lugar donde nos encontramos de todos los ruidos que constantemente se producen o producimos nosotros mismos en nuestro entorno.

Quedarás sorprendido si cierras los ojos y prestas atención para descubrir cuántos sonidos pueden escucharse. Cuando los hayas detectado, aplica los cuatro principios que se han presentado en la percepción visual (comparar, evaluar, asociar y verificar). Después de haber dedicado algunos minutos a esta práctica, te sentirás satisfecho de haber realizado una experiencia tan interesante. Practícalo en el campo, en un parque, etc. Comprobarás que es mucho más gratificante.

Otro ejercicio similar puede practicarse con las notas musicales, lo cual desarrollará extraordinariamente el "oído musical", muy útil para los que realizan actividades musicales.

Muy interesante y práctico resulta el desarrollar la percepción correcta de las voces. Cuando una persona habla, lo que emite está lleno de matices: entonación, fluidez, potencia, etc. Observar todas estas características nos faculta para percibir en un nivel muy superior del que lo hacíamos antes y nos permite un reconocimiento prácticamente perfecto de las personas por su voz.

El siguiente nivel de desarrollo es efectuar la observación después de dejar de escuchar el sonido o las palabras emitidas. Esto obliga a retener en nuestra mente la percepción realizada lo más fielmente posible para poder reconocer sus características. Puede usarse una grabadora donde se ha grabado parte de una conversación o cualquier párrafo musical. Después de escuchar con atención una pequeña secuencia, cerrar la grabadora y realizar la observación en la mente.

Cuando se extinga el impacto y se haga difícil diferenciar con claridad, volver a escuchar la grabación para notar qué aspectos pasaron desapercibidos.

El método acumulativo

Desde otra perspectiva nuestra mente puede considerarse como un músculo que se desarrolla con el ejercicio.

La memoria natural se desarrolla notablemente, independientemente de las estrategias mnemotécnicas que usemos, por un sistema similar al que desarrollaríamos un músculo de nuestro cuerpo: un ejercicio continuado y progresivo.

Si queremos desarrollar la capacidad de levantar peso, empezaríamos con poco peso, lo levantaríamos con una frecuencia regular y le añadiríamos más peso progresivamente.

En cuanto al desarrollo de la memoria natural también funciona de esta forma.

Veamos a continuación el sistema para conseguir lo que acabamos de exponer:

EJERCICIO

EJERCICIO DE MEMORIZACIÓN

Escojamos un poema que nos guste para trabajar con él un poco cada día.

• Lo leeremos para tener una idea general del tema.

• Observaremos las ideas principales que transmite el poema.

• El primer día aprenderemos de memoria el primer verso:

— Memorización de cada palabra.

— Conocer el significado de cada palabra.

— Visualizar mentalmente las palabras del verso creando una imagen.

— Recitar las palabras de izquierda a derecha y al revés (derecha-izquierda).

— Se hará en voz alta para escuchar su sonido y tratando de poner atención en su ritmo.

• El segundo día se memorizará el segundo verso, de la misma forma que se hizo con el primero. Una vez esté memorizado, repetiremos el primer verso, seguido del segundo (sin leerlos). Es muy importante que disfrutemos al hacerlo.

• Al tercer día repetiremos la misma operación con el siguiente verso, terminando con la repetición de los tres primeros versos (los dos primeros y el recién aprendido).

• Seguiremos diariamente con el mismo sistema hasta llegar al final del poema.

Quedaremos sorprendidos de la cantidad de literatura que podemos retener si lo hacemos con un poco de constancia. También nos daremos cuenta cómo al pasar los días tanto el aprendizaje como la recuperación serán mucho más fáciles y satisfactorios por la sensación de seguridad y precisión que tendremos.

Técnicas para memorizar

La asociación

La asociación mental es uno de los mecanismos más poderosos con que contamos para poder recordar y desarrollar el uso de otras facultades que son trascendentales en nuestra vida.

La asociación puede realizarse de forma inconsciente cuando determinadas circunstancias coinciden en el tiempo y en el mismo lugar (asociación por contigüidad). Nuestra experiencia está llena de asociaciones que nos van marcando la pauta a seguir ante las diferentes situaciones que atravesamos en nuestra vida. Cuando un niño toca con su mano la estufa y se quema, aprende a tenerle un respeto a causa de una coincidencia de hechos que su mente ha asociado y grabado: la estufa, el contacto de su mano con la estufa, el dolor, etc.

Asimismo, una palabra determinada puede sugerirnos otra de forma inmediata. Por ejemplo, la palabra *aguja* puede sugerirnos la palabra *hilo*. Por la razón que fuere han quedado unidas en nuestra mente y al tomar contacto con una, se pone en relieve sin esfuerzo alguno la otra.

La asociación puede también ser consciente. Las madres y los padres están constantemente enseñando a sus bebés con asociaciones conscientes, cada vez que desean que aprenda a identificar y nombrar determinado objeto, crean una asociación entre el objeto, la atención del niño sobre él, su nombre, intentan que el niño lo repita, las sensaciones que puede producir, etc.

Por supuesto que en este apartado nos centraremos en la asociación consciente, pues hemos de hacerla habitual en nosotros cuando deseamos memorizar cualquier información.

Así, por asociar, entenderemos el unir una palabra o concepto a otro, de manera que al pensar en uno de ellos indistintamente, éste nos sugiera automáticamente el otro.

Existen distintos tipos de asociación, y esto significa que no todos son igualmente apropiados para un determinado uso, ni tienen la misma eficacia a la hora de recuperar la información introducida en nuestra memoria. A continuación veremos unos cuantos sistemas de asociación que se han seleccionado de entre los más potentes y eficaces.

El encadenamiento

Este método es extraordinariamente eficaz para recordar series de palabras o conceptos, de forma muy directa y rápida.

Sus ventajas son las siguientes:

- No importa la cantidad de conceptos que se requiera memorizar, podrás recordar todos los que quieras.

- Es un sistema muy seguro en cuanto a que no permite la confusión o el olvido de los conceptos.

- Se recuerda en perfecto orden. Y esto significa que los conceptos memorizados se pueden recuperar en los dos sentidos: del primero al último, y del último al primero.

- No es necesario comenzar por un extremo, empezando por cualquier concepto intermedio se podrá avanzar o retrasar ordenadamente en la recuperación.

Aunque te pueda parecer mágico, no lo es. Sencillamente, hay que emplear una técnica de asociación, y lo imposible se hace posible.

En primer lugar vamos a familiarizarnos con el sistema del encadenamiento.

El nombre ya nos sugiere que la base de este sistema consiste en enlazar unas palabras con otras, igual que lo están los eslabones de una cadena, de tal manera que no puedan soltarse. Teniendo la primera, tendremos acceso a la segunda, y así sucesivamente.

En un apartado anterior hemos trabajado el concepto de la imagen mental, y ahora vamos a empezar a aplicarlo.

Para comprender con facilidad el mecanismo de este sistema lo trabajaremos sobre una lista de 10 palabras. Después podrás prolongarla todo lo que quieras: no lo hacemos aquí por cuestión de espacio.

La lista podría ser la siguiente: *lámpara, autobús, pino, televisión, carta, nube, lápiz, zapato, cuchara y cuadro.*

Cada una de estas palabras nos sugiere inmediatamente una imagen mental, y debemos procurar que sea lo más concreta posible. Por ejemplo, la *lámpara* puede ser una lámpara determinada que tenemos en casa.

La primera palabra es conveniente que la liguemos al estímulo que ha de desencadenar todos los demás conceptos. En este caso, la lámpara la ligas a ti mismo, para que tú seas el punto de partida.

Así, puedes verte haciendo cualquier trabajo con la lámpara en tu casa, por ejemplo, limpiándola, o cambiándole una bombilla, etc.

Ahora emplearemos *la sustitución* como método de trabajo. Éste es el aspecto fundamental de este sistema. Se trata de sustituir el concepto anterior por el posterior, de tal modo que el primero haga la función del segundo. Esto lo representaremos en una imagen mental que tenga unas características especiales; las más convenientes son el absurdo, la desproporción, la exageración, la acción y la emoción.

Cualquier imagen que cumpla una o varias de las características que se acaban de reseñar es muy difícil que pueda olvidarse. La huella que deja en nuestra memoria es mucho más profunda que la que deja una imagen normal, lógica y equilibrada, ya que esta última no despierta ninguna emoción.

Podemos hacer la sustitución de la siguiente forma: situémonos en nuestra imaginación, en una parada de autobuses que nos sea familiar; allí solemos ver con frecuencia los autobuses como se detienen y la gente sube y baja de ellos.

Ahora sustituimos el autobús por la lámpara que hemos imaginado limpiando. Ves la lámpara de grandes dimensiones (del tamaño del autobús) deslizándose por la calzada y parándose en la parada del autobús. De ella, bajan y suben personas. Tú mismo te ves subiendo a ella y tratando de acomodarte lo mejor que puedes. Lo haces con dificultad porque te resbalas. Una vez lo has conseguido sientes la sacudida al arrancar la *lámpara* y salir del estacionamiento.

Ahora podemos ver un pinar que nos resulte familiar, pero en vez de pinos (*pino*), vemos autobuses en posición vertical plantados en tierra, la gente que está dentro, saca sus cabezas por las ventanas de los autobuses pidiendo que los saquen de allí.

Imagínate que en el lugar que ocupa el *televisor* de tu casa hay un gran pino, y que los miembros de tu familia están contrariados por no poder ver el programa que les gusta. Les molestan las ramas y las apartan con las manos buscando el televisor.

Seguidamente, te ves a ti mismo cargando con un televisor, y empeñándote en introducirlo por la ranura de un buzón de correos (*carta*).

En este momento observas el cielo y ves muchas cartas, algunas de ellas son muy grandes. Todas están flotando, y van entrecruzándose con los rayos del sol. Lo que más te molesta es que de algunas de ellas cae agua que llega a mojarte (*nube*). Intenta escribir con una nube (*lápiz*). Aprecia el tacto que tiene al cogerla y deslizarla sobre el papel. Te cuesta mucho mantenerla vertical, y mucho más que escriba lo que quieres.

Sales de casa calzado (*zapato*) con dos grandes lápices. Te los has sujetado con unas cuerdas que te aprietan mucho. Tu extraño calzado te hace tambalear cuando intentas caminar. Todos te miran sin comprender lo que haces, y te sientes muy ridículo.

Ahora estás tomándote un plato de sopa con un zapato, puesto que no quieren darte una *cuchara*. Puedes sentir el olor del zapato al acercártelo a la boca, y también lo incómodo que resulta manejar el alimento.

Estás mirando una de las paredes de tu casa. En el lugar de tu *cuadro* favorito, hay colgada una cuchara. Te asombras disgustado al ver que en las demás paredes alguien también ha cambiado tus cuadros por cucharas.

Ahora repasa la lista, comienza con la imagen que habías construido con la palabra lámpara y sigue viendo sucesivamente las que han sido encadenadas.

¿Dónde ves la lámpara?, en la parada del autobús. ¿Dónde ves el autobús?, plantado en lugar del pino, etc. Comprobarás con qué facilidad ves en tu mente las imágenes que has asociado. Mañana, y dentro de unos días, lo podrás ver con la misma claridad.

También puedes repetir la lista al revés con toda facilidad y precisión: ¿Qué hay en el sitio del cuadro?, la cuchara. ¿Qué hay en tu mano en lugar de una cuchara?, un zapato, etc.

APLICACIONES

Las aplicaciones de esta técnica son múltiples. Puedes usarlas tanto en actividades intelectuales como en otras circunstancias de tu vida diaria.

Los textos

Podrás recordar perfectamente los textos que tengas que estudiar, especialmente para relacionar conceptos o palabras que sean totalmente inconexas.

El método a seguir es el que se ha presentado en el capítulo dedicado a la recuperación. Debes extraer las palabras clave de cada idea principal y posteriormente asociarlas con esta técnica.

Igualmente es útil, en el caso de conferencias, reuniones y todo tipo de situaciones en las que tengas que participar con una exposición o simple-

---

mente escuchar con el propósito de retener todo el contenido de lo expuesto.

Las compras y los encargos

Te sorprenderás a ti mismo cuando tengas que hacer cantidad de compras y encargos. No importa que sean en diferentes lugares, ni que en cada comercio haya que conseguir mucha o poca variedad de objetos. Lo único que debes hacer es dedicar unos minutos para encadenarlos con este sistema.

Hay amas de casa que durante la semana van añadiendo a su lista mental todo lo que necesitan conseguir el día que dedican a ir de compras. De esta manera, no necesitan hacer lista el día que dedican a las compras, ni se olvidan de escribir nada. Podrás realizar todo lo que te hayas propuesto sin posibilidad de olvido ni de inversión del orden.

Las distracciones

No tienes por qué seguir siendo un distraído, pagando las consecuencias de dejar las cosas en lugares que luego no recuerdas. Tampoco cometer olvidos que te puedan ocasionar trastornos importantes. En realidad, la distracción no es otra cosa que falta de atención, por lo tanto, la solución está en concentrar nuestra atención en el momento y en el lugar donde dejamos determinado objeto. Por ejemplo, si dejo las gafas encima del televisor, sólo tengo que hacer una simple asociación entre los dos objetos. Puedo imaginarme que al colocarme las gafas, soy incapaz de ver nada, puesto que en el lugar de los cristales, han colocado dos pantallas de televisor que me impiden la visión. Cuando desee colocarme las gafas, al pensar en ellas, vendrá automáticamente a mi mente la imagen de la asociación que he construido, mi memoria natural me dará el resto.

En el caso que la distracción pueda producirse porque en un momento determinado tengo que realizar una operación, debo asociar estos dos acontecimientos. Se da el caso de que, cuando mañana desayune, tengo que hacer una llamada telefónica a un familiar. La visualización podría ser la siguiente: en el momento de tomar el café, compruebo que dentro de la taza hay algo (me molesta mucho encontrar algún objeto extraño dentro del café). Al intentar sacarlo con la cucharilla, sale a flote un cable, tiro de él, y en su extremo aparece un teléfono. Al día siguiente, cuando esté desayunando, la taza de café será el estímulo que traerá a mi memoria la imagen de la asociación. Mi memoria natural me dará el resto de la operación que debo realizar.

Se podría añadir un largo etc. que deseo dejar a tu creatividad y sentido práctico para usar este sistema en todas aquellas ocasiones que necesites o te interese recordar algo con precisión.

Las palabras abstractas

Habitualmente nos encontramos ante la dificultad de tener que recordar palabras que no sugieren una imagen mental clara ni concreta. Además, como dificultad añadida, hay palabras que no sólo son abstractas, sino también, largas y complejas.

En este apartado veremos lo que hay que hacer para recordar con facilidad palabras con este tipo de dificultad.

El secreto consiste, como hemos visto en otros apartados, en asociar la información nueva a otra ya existente en la memoria. Cuando leemos o escuchamos una palabra no conocida, si hacemos un pequeño esfuerzo para predisponernos a la sugestión, comprobaremos que, espontáneamente, en nuestra mente aparece una palabra conocida que se relaciona con la no conocida por algún tipo de similitud, sea fonética o gráfica. La mejor o más útil para nosotros será generalmente la primera que aparezca en nuestra mente aunque no tenga una similitud muy completa, pero lo importante es que ha sido activada espontáneamente.

Por ejemplo, si tuviéramos que memorizar nombres de hormonas como *Acetilcolina*, podrías verte rociando con una aceitera (Acetil) una colina. Si la palabra fuera *Catecolaminas*, la imagen sugerida podría ser un hombre *Cateto* (Cate) con (co) *laminas* (un cateto que está mirando láminas de dibujos).

Cuando la palabra es más compleja, sencillamente has de descomponerla en más grupos de palabras conocidas y seguidamente crear una asociación con sentido entre ellas.

No temas confundirte, nuestra mente sólo necesita de una pequeña ayuda para recordar perfectamente el nombre deseado.

APLICACIONES

Nuevos conceptos

Supongamos que necesitamos conocer algunas de las disfunciones motoras del sistema nervioso humano. No sólo hemos de recordar su nombre, sino también el tipo de trastorno que produce.

La enfermedad de *Parkinson* empieza con un temblor en un solo miembro y con el tiempo se extiende a todo el organismo. En la edad avanzada, la cabeza tiende a inclinarse hacia delante, los hombros descienden y el cuerpo se flexiona en las rodillas. Vamos a crear la imagen mental para memorizar esta enfermedad: estamos en el *parque* (Parkinson) y vemos a una persona de pie ante nosotros que le empieza a temblar notablemente un brazo, y progresivamente lo hace el resto de su cuerpo, a la vez que va tomando una postura encorvada.

La *Corea Huntington* es una enfermedad degenerativa causada por un gen dominante que provoca una serie de movimientos involuntarios, rápidos y desordenados en las extremidades, el tronco y la cabeza. Al crear la imagen mental podemos ver dos nativos de *Corea* muy *juntitos* (Huntington) que están moviendo los brazos y la cabeza de forma descontrolada a causa de una célula que hay en su cuerpo que les produce descargas eléctricas.

Vocabulario extranjero

Para recordar con seguridad palabras que nos son totalmente extrañas y sin sentido, pero que traducidas a nuestra lengua, sí tienen un significado concreto, hemos de emplear el sistema de las palabras sustitutivas procediendo de la siguiente forma:

Conseguiremos la palabra castellana sugerida por la pronunciación de la palabra extranjera.

Esta palabra castellana la asociaremos con el significado de la palabra extranjera con una imagen mental.

Simultáneamente, observaremos cómo está escrita para que junto con la pronunciación y el significado recordemos su grafismo.

Por ejemplo, en la lengua inglesa, la palabra *window* que significa *ventana*, tiene un sonido parecido a *viudo*. La imagen mental podría ser un hombre (viudo) asomado a la ventana despidiendo el coche fúnebre que se lleva a su esposa.

La palabra *brother*, se pronuncia *broder* y significa *hermano*. En la visualización podrías ver a tu hermano empeñado en arrancar un *brote* (*broder*) de hierba que ha salido en el jardín.

Recuerdo de números

Otra de las dificultades importantes en la memorización para muchas personas es el recuerdo de números, sobre todo si son largos, como números de teléfono, códigos, fechas históricas, etc.

A continuación se presenta un sistema de gran sencillez y eficacia para recordar perfectamente cualquier cantidad de números que necesitemos con toda precisión.

El secreto consiste en convertir los números en imágenes mentales, pero no son las propias de cada número las que nos pueden ser útiles. El signo de los números es abstracto y la dificultad se hace mayor cuando hay que recordar números largos.

Igual que pasa con las palabras que se recuerdan mejor por lo que significan que por su imagen literal, en los números realizaremos una transformación convirtiendo lo abstracto en concreto.

Para poder convertir cada número en un concepto concreto nos auxiliaremos de un sencillo alfabeto fonético. Este alfabeto consiste en la asignación de unas consonantes a cada uno de los números del 0 al 9. Para componer una palabra que represente un concepto concreto, basta con usar la consonante correspondiente al número y añadirle libremente las vocales necesarias para formar la palabra.

Se da por sentado que las vocales juegan un papel totalmente secundario. Sirven para poder formar la palabra, pero no tienen ningún valor numérico.

La relación entre los números y las consonantes está expuesta en la siguiente tabla:

1 – T, D.	6 – S, C (en ce, ci).
2 – N, Ñ.	7 – F, J, G (en ge, gi).
3 – M.	8 – CH, G (en ga, go, gu).
4 – C, K, Q.	9 – V, B, P.
5 – L, LL.	0 – R, RR.

Este alfabeto es esencial para todo lo que manejarás posteriormente, por lo que es necesario memorizarlo. ¡No te asustes! Comprueba por ti mismo que es fácil buscándole un sentido a cada asignación número – consonante.

El sonido para el número 1 es la T, o D. La T tiene *un* palo vertical, y T, D suenan aproximadamente igual al final de palabra.

El sonido para el número 2 es la N, o Ñ; ambas tienen *dos* palos.

El sonido para el número 3 es la M, tiene *tres* palos.

El sonido para el número 4 es la C (en su sonido fuerte de ca, co, cu), o K o Q. La C es la inicial del *cuatro*.

El sonido para el número 5 es la L, o LL. La L, representa un múltiplo de cinco en las *cifras* romanas.

El sonido para el número 6 es la S, o C (en las sílabas ce, ci), o la Z. La S es la inicial del *seis*.

El sonido del número 7 es la F, J, o G (en ge, gi). Observa que imprimiendo diferentes giros al *siete* puedes reproducir aproximadamente las letras.

El sonido del número 8 es CH, o G (go,ga, gu). La CH es la única consonante que tiene el *ocho*.

El sonido para el número 9 es la V, B o P. La V es la segunda consonante del *nueve*, y la B tiene el mismo sonido fonético; en cuanto a la P si la volteamos hacia la izquierda tiene un gran parecido con el signo del número.

El sonido para el número 0 es la R, o RR. La R es la segunda consonante del *cero*, o la inicial de rueda, que se parece al signo del número.

Ahora ya estás en condiciones para aplicar este sistema y convertir números en palabras que sugieran imágenes concretas.

Un *ejemplo*: Los números 6, 29, 46, 651 y 1.210 pueden convertirse en las palabras: *Asa, Nube, Casa, Saludo* y *Tintero*. Estas palabras sugieren inmediatamente imágenes mentales concretas y fáciles de representar, así como de asociar con cualquier otra cosa que no interese.

Del mismo modo puedes probar a convertir las siguientes palabras en números: *Tea, Heno* (la H no se toma en cuenta), *Humo, Oca, Ala, Oso, Ojo, Hucha, Huevo* y *Torre.*

Cuando los números tienen muchas cifras, como es el caso de los números de teléfono o códigos, es más fácil subdividirlos en grupos de dos o tres cifras y componer varias palabras que después se asocian en una sola imagen.

Por ejemplo, el número 32 590 402 podría pertenecer a un carné de identidad. La conversión en palabras sería: *Mano, Libro* y *Cuerno.* Ahora sólo falta hacer una asociación: podrías ver, por ejemplo, que para defenderte de un toro que quiere quitarte tu Carné de identidad, lo haces con tu Mano derecha, golpeándole con un Libro que se lo clavas en uno de sus Cuernos.

APLICACIONES

Fechas

Si queremos recordar fechas significativas con seguridad podemos emplear este sistema. Por ejemplo, se trata de memorizar el año en que comenzó la *Primera Guerra Mundial.* La cuestión no puede ser más simple: Veamos un gran cartel que en su parte superior anuncia una película que se titula: La Primera Guerra Mundial. Debajo del título hay una imagen ambientada en aquella época donde unos soldados galopan a caballo de un *tubo* (19), y en la mano derecha en vez del fusil llevan un *taco* de *billar* (14) con el que pretenden disparar.

Si has visualizado esta imagen, comprobarás como siempre quedará grabado en tu memoria que la Primera Guerra Mundial comenzó en el año 1914.

Números de teléfono

Por ejemplo: el número 958 432 566 subdividido en tres grupos correspondería a tres palabras: *Peluche, Camión* y *Lazos.* Al construir la imagen, podríamos visualizar un Peluche empujando un Camión repleto de Lazos.

No tengas temor de confundir el orden de los grupos, no ocurre nunca, nuestra memoria recuerda perfectamente el orden. Una de las razones es que, al construir la imagen, lo hacemos en un orden: el Peluche (1° grupo: 958) es el protagonista que empuja el Camión (2° grupo: 432) el cual, se encuentra cargado de Lazos (3° grupo: 566). Es muy difícil que nuestra memoria invierta Lazos por Camión, o por Peluche. Sería otra imagen distinta que no correspondería con la que hemos construido.

Carné de conducir

Aunque parezca muy específica esta aplicación, sirva como una muestra de la enorme cantidad de posibilidades que se derivan de este sistema.

Los exámenes para obtener el carné de conducir son de tipo test con varias opciones de respuesta. El modo de memorizar la respuesta correcta no tiene más dificultad que hacer una asociación entre la pregunta y la opción correcta.

Si la pregunta fuera: ¿A qué velocidad máxima pueden circular los vehículos agrícolas provistos de neumáticos?

a) A 40 kilómetros por hora.
b) A 15 kilómetros por hora.
c) A 25 kilómetros por hora.

Respuesta correcta: **a**

La visualización podría ser la siguiente: Estás viendo un tractor (vehículo agrícola con neumáticos) que intenta marchar a la máxima velocidad posible arrastrando un carro (40).

113

El archivo mental

Otro de los grandes recursos de esta técnica es el archivador mental. Consiste en crear un conjunto ordenado de departamentos mentales en los que podamos colocar y recuperar sin ningún tipo de problema cualquier asunto que nos interese.

En esta sección se presentarán dos archivadores: uno numérico y otro alfabético. El alfabético está limitado a las 26 letras del alfabeto, en cambio, el numérico, no tiene límite. Por supuesto que también es posible hacer una combinación de los dos, ampliando mucho más sus posibilidades.

Empezaremos creando el archivador alfabético. Para ello, necesariamente hemos de acudir al abecedario y convertir cada letra en una imagen mental con significado concreto. En este caso, es aún más fácil que con los números, puesto que cada letra será la inicial de la palabra que sugiere la imagen mental.

A continuación puedes ver la relación de palabras que forman el archivador alfabético:

ARCHIVADOR ALFABÉTICO		
Agua	**J**arrón	**S**illa
Bote	**K**iwi	**T**ambor
Campana	**L**eón	**U**va
Dado	**M**ano	**V**aso
Estuche	**N**ariz	**W**ater
Fantasma	**O**la	**R**ayos **X**
Gato	**P**ato	**Y**ogourt
Hilo	**Q**ueso	**Z**apato
Indio	**R**osa	

Crear el archivador significa memorizar estas palabras para que cada vez que tengamos que archivar un concepto en determinada letra del alfabeto, podamos hacerlo inmediatamente. Por ejemplo, en la sección G de un hipermercado está colocada la ropa de caballero, en la sección H, la zapatería y en la I, los artículos de limpieza, etc.

El sistema para archivar consistirá en realizar una simple asociación entre cada palabra-departamento y el concepto que deseamos archivar. En este caso podríamos visualizar de la siguiente forma: Imagínate que al probarte unos pantalones sientes que hay algún objeto extraño y muy pesado en los bolsillos, al comprobarlo, te llevas la gran sorpresa de encontrar allí dentro un gato que intenta arañarte al querer sacarlo. El ovillo de hilo que normalmente usas para coser lo encuentras cambiado, el hilo no se encuentra enrollado en su carrete, sino en un zapato, lógicamente te disgustas mucho al ver lo que han hecho con tu ovillo. Un día entras en casa y te encuentras que alguien está haciendo la limpieza. Te llevas el susto de ver a un indio que está barriendo el comedor.

Para crear el archivador numérico el sistema es similar. Se memorizan las palabras correspondientes a tantos departamentos como deseemos disponer. Deseo volver a insistir que una vez aprendido el alfabeto numérico, y haber hecho algunas prácticas con él, memorizar los 50 o 100 primeros números es muy sencillo.

En la página siguiente se presenta la relación del 1 al 100. Se entiende que puedes cambiar a tu gusto cualquiera de las palabras que te pueda parecer difícil al crear su imagen mental.

1 – Tea	26 – Nuez	51 – Lodo	76 – Fosa
2 – Heno	27 – Enojo	52 – Luna	77 – Faja
3 – Humo	28 – Nicho	53 – Lima	78 – Ficha
4 – Oca	29 – Nube	54 – Loco	79 – Fobia
5 – Ala	30 – Mar	55 – Lila	80 – Chorro
6 – Oso	31 – Meta	56 – Lazo	81 – Choto
7 – Ojo	32 – Mono	57 – Lija	82 – Chino
8 – Hucha	33 – Mamá	58 – Lucha	83 – Gamo
9 – Huevo	34 – Meca	59 – Lupa	84 – Cheque
10 – Torre	35 – Mulo	60 – Suero	85 – Chal
11 – Dedo	36 – Mesa	61 – Seta	86 – Choza
12 – Tina	37 – Maja	62 – Sauna	87 – Chufa
13 – Tomo	38 – Mecha	63 – Suma	88 – Chacha
14 – Taco	39 – Mapa	64 – Saco	89 – Chapa
15 – Tela	40 – Corro	65 – Sol	90 – Burro
16 – Taza	41 – Codo	66 – Seso	91 – Pito
17 – Teja	42 – Cuna	67 – Sofá	92 – Pino
18 – Ducha	43 – Cama	68 – Ciego	93 – Puma
19 – Tubo	44 – Coco	69 – Sapo	94 – Vaca
20 – Noria	45 – Cola	70 – Faro	95 – Bala
21 – Nido	46 – Casa	71 – Foto	96 – Buzo
22 – Niño	47 – Caja	72 – Fina	97 – Abeja
23 – Nomo	48 – Coche	73 – Fuma	98 – Bicho
24 – Nuca	49 – Cubo	74 – Foca	99 – Pipa
25 – Nilo	50 – Lira	75 – Fila	100 – Torero

APLICACIONES

Números y conceptos

Se da con mucha frecuencia la necesidad de memorizar conjuntamente conceptos con números. Por ejemplo el artículo de un catálogo: en la página 29 hay un secador de cabello. Sólo hay que construir una imagen en la que aparecen asociados la *nube* (29) y el secador (se está secando el cabello con una nube). Si el número de catálogo correspondiente al secador es el 3.093, debes construir una imagen en la que relacionas el secador con *mar* y *puma* (30 y 93). Por ejemplo ves que del mar (30) sale un puma (93) que te quiere arrebatar el secador.

Nombres y caras

Muchas personas pasan por momentos embarazosos al no poder recordar el nombre de determinada persona que le presentaron hace algún tiempo, y en dónde la conoció, o qué es lo que estuvieron compartiendo juntos, etc.

También frente a este problema la mente tiene recursos más que suficientes para que no tengas que sufrir situaciones de este tipo.

El sistema que usaremos en este apartado es mixto: la percepción visual y auditiva, el auxilio para las palabras abstractas y la asociación.

La percepción visual la ejerceremos observando los rasgos físicos distintivos de la persona: constitución, estatura, forma de moverse y de gesticular.

Forma de la cabeza: puede ser cuadrada, rectangular, triangular (con la punta hacia arriba o hacia abajo), redonda u ovalada.

Los detalles del rostro: los cabellos (color, tamaño, forma). La frente (estrecha, alta, trapezoidal, etc.). Las cejas (espesas, finas, largas). Los ojos (grandes, pequeños, saltones, hundidos, color). Orejas (pegadas, despegadas). Nariz (pequeña, larga, torcida, aguileña). Labios (gruesos, finos). Mentón (alargado, cuadrado, con hoyuelo). Otros detalles como: bigote, barba, gafas, etc.

En la sección dedicada a la percepción y registro visual pudiste conocer un método eficaz para conseguir grabar con claridad y profundidad en la memoria las características y detalles de lo que impresiona la retina. Así pues, en este caso hay que aplicar este método, pero con un sentido crítico.

El objetivo es destacar en la persona observada algunos detalles que la caractericen: una cara en forma de pera, una nariz aguileña, o unas orejas muy despegadas.

Realizada esta observación ya contamos con uno de los elementos esenciales para conseguir nuestro objetivo.

En cuanto a la percepción y registro auditivo, es necesario tener en cuenta lo siguiente:

- Debes asegurarte de haber oído bien el nombre de la persona cuando te la presentan. Muchas veces se nombra a la persona de forma rápida y con un volumen lo suficientemente bajo como para hacérselo realmente difícil a la persona que debe recordarlo.

- Procura repetir el nombre de la persona, a ser posible más de una vez. Comprobarás así, que tu registro auditivo es correcto.

Con respecto al nombre, puedes encontrarte que hay dos tipos de nombres: aquellos que pertenecen a conceptos *concretos*, como el Sr. Ríos, o la Srta. Paloma; y los que son claramente *abstractos*. En los concretos no hay dificultad ninguna, pero en los abstractos habrá que aplicar el método utilizado para memorizar palabras abstractas. Si recuerdas, hay que buscar en nuestra mente una palabra sugerida por el nombre que tenga un significado concreto. Por ejemplo, el Sr. Martínez podría crear la imagen de un *martillo* (Marti) rompiendo una *nuez* (nez), y la Sra. Bertrán, podría visualizarse

como una señora que está mirando a la calle para *ver* (Ver) el *tránsito* (trán).

Una vez que ya disponemos de los dos elementos básicos para recordar a una persona, su cara y su nombre, ya podemos hacer la asociación.

Si la Srta. Paloma tiene unos ojos muy saltones, sólo hay que visualizar que de sus dos ojos salen palomas. Si el Sr. Martínez tiene un mentón muy saliente, visualizaremos cómo encima de su mentón están partiendo nueces con un martillo.

Es necesario que cada asociación sea capaz de crearnos algún tipo de emoción, esto ayuda extraordinariamente a asegurar la asociación y a estimular la imagen en el momento que volvemos a ver a la persona, o al ser mencionada hemos de recordar su cara.

Sólo recordar que las técnicas y recursos que se han dado en este capítulo tienen infinidad de aplicaciones que puedes necesitar tanto como estudiante, profesional o simplemente en las diversas actividades del día a día. Se deja a la elección y creatividad de cada cual, el sacarle amplio provecho a lo anteriormente expuesto.

¿Quieres ser más creativo?

La diferencia entre la gente común y los grandes inventores, artistas o autores no reside en la creatividad como tal, sino en la habilidad para estimular esta facultad favoreciendo los impulsos creativos y actuando luego de acuerdo con ellos. La mayoría de las personas aprovechan pocas veces de forma consciente su potencial creativo.

Suele pasar que muchas personas se quejan una y otra vez de pequeñas o grandes cosas que les incomodan o dificultan su labor pero no se disponen a buscar una solución que termine de forma positiva con el problema. Sencillamente se conforman y se lamentan.

La solución de problemas de manera creativa no se limita a un empleo más o menos mecánico de la experiencia pasada, sino que, supone la génesis de algo nuevo alcanzado por medio de un cambio de concepción.

Cuando alguien se plantea enfrentarse a un gran reto, en este caso, suele generarse una cadena de actos creativos que paso a paso, van superando los objetivos intermedios hasta la consecución del objetivo final.

Otra alternativa del pensamiento creativo está relacionada con las habilidades artísticas. En este sentido no hay la presión de unas circunstancias, ni la necesidad de conseguir un objetivo específico. Hay libertad de expresión.

Pensamiento creativo y analítico

Se considera que hay dos tipos de pensamiento: el creativo y el analítico.

La mayoría de nuestros procedimientos educativos se han dedicado al desarrollo de la función del pensamiento analítico con el fin de poder juzgar correctamente. Dicha función es generalmente la más fuerte de las dos. Debido a que la función del pensamiento creativo se ha relegado en nuestros procesos educativos, esta facultad se ha adormecido. Sin embargo, este potencial creativo está siempre presente y puede despertarse y hacerse altamente efectivo. Pero algunas veces necesitamos controlar la parte analítica de nuestra mente, mientras que la parte creativa que produce el pensamiento está trabajando activamente en la búsqueda de nuevas ideas. Si no actuamos así, la parte creativa de nuestra mente se malogra por falta de actividad.

Tanto el pensamiento creativo como el analítico son importantes: El pensamiento creativo está orientado hacia el futuro, intenta encontrar un modo de hacer las cosas mejor que el anterior. El pensamiento analítico, se encuentra orientado hacia el pasado, se basa en la experiencia pasada para valorar las nuevas ideas y poderlas utilizar.

Lo más importante para la eficiencia es mantener un buen equilibrio entre ambos tipos de pensamiento y no utilizar uno a costa de abandonar el otro. Ambos se complementan y juntos forman una combinación inapreciable.

El pensamiento creativo es principalmente una cuestión de actitud

Cuando en creatividad se habla de actitud, se refiere a tomar conciencia de hacer funcionar nuestra mente con otras directrices diferentes a las que estamos acostumbrados. Esto supone un poco

de esfuerzo y constancia hasta que conseguimos realizarlo de forma espontánea.

En este capitulo se exponen una serie de conceptos, ilustraciones, pautas y ejercicios prácticos encaminados a conseguir eficiencia en esta facultad. Pero como ocurre en otras áreas del funcionamiento de nuestra mente, es necesario afianzar en nosotros una actitud creativa.

Cuando tenemos una actitud creativa, nosotros veremos oportunidades de ser creativos donde otros solo pueden ver problemas que les agobian. veremos oportunidades de crecer interiormente, de superar las situaciones adversas, de solucionar problemas, de mejorar las cosas y aún las relaciones con las personas con las que convivimos y de adquirir nuevos conocimientos. De hecho la historia ha demostrado que a través de los años, gracias a personas que desarrollaron esta actitud mental, hoy estamos disfrutando de un nivel de vida muy superior.

En la imaginación, todo es posible

Existen muchos testimonios de las personas que son consideradas como grandes creadores que coinciden en enfatizar el valor de las imágenes en sus procesos creativos.

Las imágenes mentales les permitieron realizar "experimentos mentales" que les proporcionaron los fundamentos conceptuales de sus grandes aportaciones a la humanidad. Por ejemplo, el famoso experimento de Einstein que originó la teoría de la relatividad consistió en imaginarse a sí mismo viajando a la velocidad de la luz y "observar" mentalmente el comportamiento de un rayo de luz. La elaboración matemática de la teoría fue posterior, tras el proceso de comprensión visual. El propio Einstein asegura: «Mi capacidad, mi destreza particular, reside en visualizar los efectos, consecuencias y posibilidades de las cosas en que trabajo».

Las imágenes son un formato representacional decisivo para algunos procesos de resolución de problemas. El carácter dinámico y flexible de las imágenes las hace un instrumento idóneo para generar auténticos descubrimientos.

Pon en marcha la imaginación

A continuación podemos realizar un ejercicio muy interesante que nos dará la evidencia de la gran capacidad que tiene nuestra imaginación para crear, transformar, combinar, experimentar y virtualmente realizar lo imposible tomando como base un objeto familiar.

EJERCICIO DE VISUALIZACIÓN

Se ha escogido para esta ocasión un paraguas, ninguno en especial; el que ahora mismo estés viendo en tu mente es válido. Imaginémonos que en nuestra mente hay una pantalla de cine donde podemos ver los objetos en tres dimensiones y color. No hay ninguna restricción técnica, ni tampoco lógica; hay una auténtica libertad para elaborar con toda riqueza de fantasía las instrucciones que a continuación se irán presentando.

En primer lugar es necesario poder ver en la pantalla el paraguas que se ha escogido. Hay que tratar de verlo lo más real posible, en su tamaño real y disfrutar de él durante unos momentos antes de pasar al próximo estado.

Ahora lo cambiaremos de tamaño, como si dispusiéramos de un *shunt*, y lo veremos en un tamaño muy pequeño, como si fuera un bolígrafo. Seguidamente, lo iremos ampliando más y más hasta que desborde nuestra pantalla mental y llegue a tener las dimensiones de un bloque de apartamentos de diez plantas de altura.

124

Seguidamente lo vemos en su tamaño normal pero con desproporciones, como si se hubiera desarrollado más de un lado que del otro; unas varillas son más largas que las otras, y la tela que las une no está uniformemente cortada.

Pasaremos a observar un detalle del paraguas; estaría bien que fuera la empuñadura. Ésta ocupa ahora todo nuestro campo de visión, y podemos observar los más pequeños detalles del material.

Volviendo a retomar el paraguas en su tamaño real, le imprimiremos movimiento: giros a derecha e izquierda, sobre sí mismo y describiendo grandes círculos. Igualmente podemos vernos sujetando el paraguas abierto expuesto a un fuerte viento que lo ha vuelto al revés.

El paraguas también puede emplearse para otros usos. Nos veremos usándolo para recoger olivas, como si fuera una especie de cesto en el que van cayendo las olivas de las ramas del árbol que son sacudidas.

Al observar detenidamente el paraguas, y pasar nuestra mano suavemente por la tela, la empuñadura, las varillas, podemos sentir el tacto de los diferentes materiales.

Podemos golpear con la empuñadura una puerta, en vez de tocar el timbre, y escuchar el sonido que produce.

Ahora disfrutaremos del paraguas viéndolo con diferentes colores y estampados en su tela.

Presenciamos una exhibición de caída en paracaídas, pero en vez de ellos usan paraguas.

El paraguas ya se ha hecho viejo, y lo estamos viendo con algunos componentes rotos y algo deformado.

Provocamos una situación cómica con el paraguas, como pincharle con la punta a alguien sin intención, que deriva en risas a causa de su reacción.

Presenciamos una multiplicación de paraguas a partir del nuestro (como si fuera la multiplicación de los panes y peces), miles de paraguas están saliendo a partir del nuestro y podemos repartir a todos.

Ahora hacemos el efecto contrario, con un cuchillo lo estamos cortando a trozos pequeños, y entregamos uno de éstos a cada uno. ¡Es todo lo que hay!

Buscamos una analogía del paraguas, quizá una seta; vemos entonces como en un día lluvioso, la gente se protege de la lluvia con setas.

Pensamos en un simbolismo. Por ejemplo la Seguridad Social, vendría a hacer las funciones de protección, como en otro sentido las puede hacer el paraguas.

Ahora veremos varios tipos de paraguas que identificaremos con otros tantos estereotipos sociales: un paraguas de hombre, otro de mujer, de rico, de pobre, de cursi, etc.

También podemos ver una fantasía artística. En una fiesta folklórica presenciamos uno de los bailes ejecutado exclusivamente por paraguas.

Nos han nombrado diseñadores de una famosa firma de confección y hemos de crear un nuevo paraguas que sorprenda y encante al público.

El absurdo también puede hacer patente su influencia en un paraguas: ¿Qué os parece un paraguas lleno de agujeros con diferentes formas artísticas?

Y si hablamos de integración, veremos un paraguas al cual se le han incorporado una serie de servicios distintos para que en un solo «equipo» haya todo lo necesario para un viaje.

Los problemas

¿Qué es un problema? Una persona se enfrenta a un problema cuando acepta una tarea, pero no sabe de antemano cómo realizarla. Esto significa que en la representación mental de la persona hay lagunas.

El grado de complejidad y dificultad de los problemas es muy variable. Algunos apenas requieren unos segundos, mientras que otros demandan días o años de actividad mental más o menos continua.

En el proceso de solución de problemas se parte de un estado inicial de incertidumbre para ir avanzando hacia una meta. Se funciona de modo serial, desde el estado inicial se va pasando por una sucesión de estados intermedios hasta llegar a la solución.

No todos los problemas tienen el mismo grado de definición en cuanto a los objetivos. Hay problemas bien definidos como el juego del ajedrez y, otros mal definidos como pueden ser los problemas sociales, donde los objetivos forman parte del problema.

Otro aspecto interesante se encuentra relacionado con nuestras limitaciones en cuanto a la recogida de información: recursos de atención y capacidad de la memoria operativa. Mucha de la información relevante en la resolución del problema procede de la memoria inconsciente donde los procesos de recuperación son muy complejos.

La solución de problemas

Hay diferentes tipos de problemas, por tanto, es propio que existan diferentes procesos creativos para conseguir solucionarlos. Sin embargo, en estos procesos hay una serie de fases que son comunes y, en más o menos medida, suelen presentarse en todos los casos.

La Comprensión del problema

Supone un análisis e interpretación de los datos disponibles inicialmente, de las restricciones y del criterio de solución. El resultado puede ser la división del problema en otros más elementales.

La Producción

Comprende un conjunto de operaciones que pueden ser muy diversas, unas conscientes y otras inconscientes. Puede ser necesario encontrar un método que permita conectar los datos iniciales con la meta final, por tanto, se estimula la recuperación de información almacenada en nuestra mente, se explora la información ambiental y se realizan transformaciones en nuestra mente operativa. En esta fase no debe permitirse ni el pensamiento analítico ni el crítico, sino, estimular el paso libre de ideas (pensamiento creativo) tratando de conseguir la mayor cantidad posible.

Incubación

En el caso de que la solución no se presente por un proceso más o menos lógico y metódico, suele realizarse un proceso de incubación, donde la persona deja de trabajar conscientemente durante un tiempo sobre el problema, permitiendo que la mente inconsciente haga su labor, llegando la solución de forma repentina.

También se usan en esta fase, estrategias de conocimiento de carácter general y otras específicas del tipo de problema.

Enjuiciamiento

Es en esta fase donde tiene lugar el pensamiento analítico, examinando y sopesando la efectividad de las ideas que serán realmente útiles para el fin deseado.

Verificación

La puesta en práctica pondrá en evidencia lo elaborado hasta ahora, siendo el pensamiento crítico el que terminará de corregir o dar por concluido el proceso.

Desarrollo de la creatividad

En busca de retos

Cuando te encuentras en una situación comprometida, la mente suele proporcionar registros pertenecientes a la experiencia pasada que asocia con la situación presente, los combina, contrasta y elabora para proporcionarnos una solución. Esto no ocurre cuando delante nuestro no hay situaciones que lo demanden. Por esta razón, es importante presentarnos objetivos que en principio no sabemos cómo conseguir.

Captura de las ideas fugaces

Una buena idea es como un conejo: pasa corriendo tan aprisa que a veces sólo le vemos las orejas o el rabo. Las personas creativas siempre están atentas para capturar las buenas ideas y esa es una importante diferencia con respecto las demás personas. Cuando se te ocurra una buena idea, anótala, crea un banco de ideas. No todas son valiosas, pero hay que capturarlas para evaluarlas después.

Volverse más creativo es cuestión de prestar atención al incesante flujo de ideas que tú generas, aprendiendo a captar y aprovechar lo que hay de nuevo en ti mismo.

Propicia el estado de evocación

Evocar significa: Traer alguna cosa a la memoria o a la imaginación. En condiciones normales, los pensamientos que fluyen en nuestra mente suelen ser los que el ambiente que nos rodea estimula. Para propiciar un estado de evocación es necesario buscar el silencio, no sólo exterior, sino también interior. Para ello, hemos de permitir que nuestra mente se libere de la necesidad de prestar atención y pueda vaciar los pensamientos que le causan algún tipo de tensión. La clave es "fluir", de forma libre y espontánea.

Hazte preguntas

Aquel que no se cuestiona las cosas, difícilmente progresará por sí mismo.

Muchos piensan que es más cómodo no hacerse preguntas. Una pregunta puede traer un periodo de desestabilización, quizá haga tambalear aquello en lo que descansábamos hasta que demos con la respuesta. Pero para llegar a una mejor posición, es necesario correr el riesgo. Sólo entonces podremos tener confianza en lo que ya tenemos por bueno o abrirnos a algo mejor.

Las preguntas aplicadas a un tema hacen la función de anzuelo, pueden pescar una gran idea. Por tanto, muchas preguntas pueden pescar muchas buenas ideas.

Una sola cosa a la vez

Es imposible pensar creativa y analíticamente al mismo tiempo. Son dos sistemas de pensamiento contrarios. La intrusión del juicio detiene inmediatamente el pensamiento creativo y las ideas novedosas dejan de fluir. A causa de ello, para facilitar el flujo de ideas hemos de tener muy claro que en ningún momento, por muy absurda que parezca la idea que ha venido a nuestra mente, nunca la reprimiremos, ni la ridiculizaremos, ni la censuraremos. En principio, todas las ideas pueden ser válidas por sí mismas o inspiradoras de otras mejores, por tanto, potencialmente útiles.

Sé entusiasta y ten confianza

Al hacerlo así, estarás activando dos de los resortes más potentes para liberar ideas: la motivación y la convicción. Te sorprenderás del gran potencial que hay en ti. Por otra parte, estas condiciones favorecen la perseverancia y, pocas cosas se resisten a ella.

De todos es sabido que los grandes inventos de Edison fueron debidos sobre todo a su perseverancia, otros abandonaron mucho antes. Él se enfrentaba cada día al trabajo creativo con el mismo entusiasmo y confianza con que comenzó cada proyecto.

Ensancha tu mundo

Muchos descubrimientos son combinaciones procedentes de diferentes campos. Leer y aprender cosas nuevas, relacionarte con otras personas creativas multiplica tus posibilidades. Uno de los recursos que utilizan en empresas norteamericanas y japonesas a la hora de buscar nuevas alternativas de solución, consiste en mezclar a profesionales de diferentes especialidades que poco tienen que ver con el tema que se trata de resolver. Esta práctica ha demostrado que personas ajenas al área del problema generan ideas novedosas y positivas al considerar el asunto desde otra perspectiva y no estar influidos por la experiencia previa.

Divide el problema en partes

El famoso refrán dice: "divide y vencerás". Y la experiencia demuestra que es una gran verdad. Es muy posible que no puedas con todo el problema de una vez. Nadie puede comer un elefante entero, pero sí bocado a bocado. No tienes por qué exigirte la solución total del problema de una sola vez. Cuando lo divides en diferentes partes, guiándote por las prioridades o siguiendo un plan racional, encontrarás que una de estas partes es más asequible de conseguir. Tu mente se desbloqueará y comenzarán a fluir las ideas, muchas veces sin esfuerzo alguno, pues al dividir el problema en partes pequeñas, las soluciones parciales se hacen evidentes.

Convierte en grandes las ideas pequeñas

Puedes sacarle mucho más partido a tus ideas si partes de la base de que "todo puede mejorarse". Muchas veces las grandes, buenas y útiles ideas han sido el resultado de un proceso, no de un solo segundo de inspiración.

Suele pasar que cuando las pequeñas ideas las llevamos a la práctica y las sometemos a una reflexión guiada por un espíritu de superación, nuestra "máquina de hacer ideas" sigue trabajando y podemos elaborar mejores resultados.

131

Actúa, pon tus ideas en acción

Viene un momento que si las ideas no se ponen en práctica, carecen de sentido y de utilidad. Aunque no estén perfeccionadas o no tengamos todos los medios que desearíamos, hay que "poner manos a la obra". Conviértete en un realizador, no sólo en soñador. El acto creativo nunca será completo si no se materializa. Por tanto, actúa. En la práctica podrás terminar de completar las carencias que tuviera tu proyecto inicial. En la mayoría de proyectos ocurre así.

EJERCICIO

PRACTICA LA CREATIVIDAD

Disponte ahora a realizar un ejercicio de creatividad. Estas instrucciones que siguen a continuación pueden servirte de guía para enfrentarte a situaciones en las que tengas que elaborar una solución.

Toma un lápiz y papel. Define el objetivo, si existe.

Fuerza la generación de ideas.

Escribe todas las ideas que fluyan en tu mente.

No descalifiques ninguna de ellas.

Abrete a todas las posibilidades lógicas e ilógicas.

Haz una evaluación. Selecciona la mejor.

Aplícala. Mejórala.

Felicítate. Practícalo a menudo.

Ponte el turbo

En nuestros tiempos se impone la necesidad de tener que leer mucha información, no sólo en el periodo de formación sino también a lo largo de la vida profesional. Las personas que no aprenden las técnicas de lectura rápida pierden un tiempo precioso en una actividad que puede realizarse varias veces más rápida que lo habitual.

Rapidez no implica pérdida de información ni de comprensión, muy al contrario, la comprensión suele mejorar sensiblemente.

Otro aspecto muy importante, es el adquirir la capacidad de leer a diferentes velocidades dependiendo del tipo de material que se maneje. En definitiva, se trata de leer mejor y más rápido.

¿Qué es la lectura?

La lectura puede definirse como un proceso de identificación de diversas clases de unidades y de integración de las mismas en unidades superiores.

Estas unidades del lenguaje escrito tienen una superposición jerárquica: los trazos forman letras, las secuencias de letras forman palabras, la combinación de palabras viene a formar oraciones y su conjunto será un texto.

Las palabras son las unidades más privilegiadas de identificación en la lectura. Identificando éstas no es necesario descender en la escala jerárquica a sílabas, letras o rasgos.

Numerosos estudios han demostrado *el efecto de superioridad de la palabra*. Según este efecto, cuando una letra forma parte de una palabra, el tiempo que se tarda en reconocerla es más breve que cuando forma parte de una no-palabra o incluso cuando se presenta aisladamente.

¿Cómo leemos?

Mientras leemos, nuestra mirada se desplaza por el texto en dirección izquierda-derecha, aunque, contrariamente a lo que pudiera parecer, este desplazamiento no es continuo ni uniforme, sino que avanza a pequeños saltos discontinuos. Es decir, la mirada *no barre* todas y cada una de las letras del texto, sino que *se posa* en sucesivos puntos del mismo a gran velocidad. A estas rápidas secuencias de movimientos discontinuos se les denomina *movimientos sacádicos*. Después de cada movimiento sacádico existe un periodo de duración variable en el que la mirada queda detenida en un punto del texto. Se trata de las llamadas *fijaciones oculares*, éstas se caracterizan por una especie de instantáneas en las que se registra una región del texto centrada en torno al punto de máxima agudeza visual abarcando un sector periférico ubicado a ambos lados de dicho punto.

Los periodos de fijación tienen por objeto extraer la información visual necesaria para la identificación del lenguaje escrito. A la región de texto que queda entre dos puntos de fijación se le denomina *ámbito de fijación*.

Además de los movimientos sacádicos, hay otro tipo de movimientos oculares que avanzan en sentido inverso a los sacádicos, esto es, de derecha a izquierda y que, por tanto, se denominan *regresiones*. Las regresiones se utilizan, como es obvio, para retroceder hacia zonas del texto previamente leídas de las cuales no tenemos la sensación de haber reconocido las palabras. Estos movimientos regresivos constituyen normalmente entre un 15 y un

20 por ciento del total de movimientos oculares efectuados en la lectura.

De todo ello se desprende que pese a la ilusión de continuidad y linealidad que experimentamos durante la lectura, los lectores empleamos cerca del 90 por ciento del tiempo dedicado a leer en detener la mirada en el texto con el objeto de extraer información de él, y tan solo un 10 por ciento en recorrer el texto en busca de información nueva.

Nuestros primeros pasos en la lectura

En la escuela nos han enseñado a leer en el nivel más básico. Aprendimos a percibir y pronunciar textos escritos, pero no a mover los ojos ni adiestrar el cerebro para llegar a leer con eficacia. Sustancialmente, la lectura es una actividad en la que todos somos autodidactas. No todo el mundo lee igual, en cuanto a velocidad, estrategias y comprensión. Sin embargo, todos fueron enseñados similarmente con los mismos sistemas.

No todos leemos igual

En estudios realizados con lectores respecto a su habilidad, escogiendo para la prueba un texto de dificultad normal y conjugando la velocidad con un nivel alto de comprensión, los resultados pueden agruparse en cuatro categorías:

Lectores adultos lentos: de 100 a 150 ppm (palabras por minuto)

Lectores normales con práctica: 200 a 300 ppm

Lectores buenos: 500 ppm

Lectores muy buenos: 1000 ppm

Como hemos visto, la velocidad de un lector normal con práctica está sobre las 250 ppm. Con un poco de adiestramiento puede duplicar su rendimiento alcanzando las 500 ppm. Con un entrenamiento más largo se consiguen resultados más espectaculares.

Parece una contradicción

Hay la creencia errónea de que leer rápidamente supone una inevitable disminución de la capacidad de comprensión. En realidad sucede exactamente lo contrario; esto tiene que ver con *el tiempo diferencial*. El cerebro es capaz de elaborar una cantidad de información muy superior que la que recibe o percibe. Esta diferencia acaba siendo utilizada por la mente de forma negativa y tiene como resultado la distracción. Ello ocurre mucho más cuando nos falta interés por aprender el tema de la lectura que estamos realizando.

Cuando leemos rápidamente sucede lo contrario: la mente se ve obligada a prestar más atención a concentrarse más y, por lo tanto, a utilizar plenamente su capacidad de elaboración.

Los buenos lectores se diferencian del resto por haber adquirido una serie de hábitos eficaces de lectura. Por el contrario, los lectores menos buenos también han adquirido hábitos, siendo éstos su principal obstáculo para progresar en el mejoramiento de la lectura.

Para adiestrarse en la lectura es necesario empezar por distinguir qué hábitos hay que cambiar.

Algunas características de los buenos lectores

Los buenos lectores son lectores activos

El lector activo trabaja buscando algo determinado. Antes de comenzar a leer considera lo que podría ser importante en esa lectura. Piensa previamente en lo que le puede decir el autor. Ese proceso de consideración previa, una vez adquirido el hábito, sólo es cuestión de segundos.

Al hacerlo, queda mucho más claro lo que uno sabe y no sabe sobre el tema que se va a leer. El lector se hace preguntas y exige del autor que le responda a esas preguntas. Trata de encontrar en el texto esas respuestas, o al menos no las pasará por alto como

el lector pasivo que espera inútilmente que sea el texto el que suscite el interés. En el caso de que el autor no responda a ninguna de las preguntas que el lector le hace previamente, se pueden dar dos situaciones: se le habrá ampliado la visión hacia otras cuestiones o sabe que ha de buscar en otra parte para satisfacer su objetivo.

Los buenos lectores se concentran

La lectura es una actividad que no necesita toda la atención de la mente. Al igual que al conducir un automóvil se puede estar discutiendo sobre un tema, también se puede leer mientras se hacen simultáneamente otras actividades. La lectura, pues, es una "actividad colateral del pensamiento", ya que no es una función por sí misma.

Concentración significa recogimiento en un punto. Por tanto, la concentración en la lectura es conseguir que todas las energías mentales converjan en esta actividad.

El buen lector ha aprendido a considerar la lectura como una actividad que necesita atención exclusiva.

Con la concentración crece el rendimiento y disminuye el tiempo empleado en el trabajo, siendo mucho mayor la satisfacción conseguida.

Los buenos lectores comprenden bien

Enseguida reconocen el mensaje que se expresa y son capaces de hacerse cargo en poco tiempo de la estructura de un texto, esto significa distinguir entre las ideas principales y las secundarias, captar las relaciones entre los conceptos sin perder el hilo del tema. En definitiva, realizan un procesamiento mental más profundo y completo.

Los buenos lectores hacen pocas fijaciones oculares.

Tienen un amplio campo visual y por tanto necesitan parar pocas veces sus ojos en cada línea. Al reconocer varias palabras a la vez llegan a la comprensión de las frases e ideas mucho antes y mejor. Los lectores normales efectúan de 6 á 7 paradas por línea mientras que los buenos suelen hacer un par. Esto significa, que los buenos lectores, a parte de comprender mejor, irán por término medio tres veces más rápidos que los lectores normales.

Los buenos lectores no hacen retrocesos

No me refiero a las repeticiones necesarias en cuanto al análisis o repaso de un texto, sino al mal hábito de lectura que consiste en hacer retrocesos visuales. Como se puede ver claramente al observar el movimiento de los ojos de una mal lector, éste retrocede con gran frecuencia y sin razón ninguna a pasajes ya leídos. Dentro de la misma línea la mirada salta varias veces hacia atrás, o lo hace hacia líneas superiores. Todo ello es señal de que falta concentración y de que la mente se ocupa de otras cosas además de la lectura. Entonces suele darse el fenómeno del cual se quejan muchos: Han leído un párrafo estando ausente su conciencia, no siendo capaces de saber qué es lo que han leído.

Con un poco de adiestramiento se consigue cambiar este mal hábito, aunque al principio disminuya parcialmente la capacidad de comprensión, pero será algo temporal para disfrutar más tarde de un mejor rendimiento.

Los buenos lectores no leen siempre a la misma velocidad

No existe ni una velocidad de lectura óptima, ni una técnica única. Las personas que se enfrentan siempre de manera idéntica con cualquier especie de lectura son semejantes a un conductor que usará una sola marcha en su vehículo para todo tipo de terreno.

Los malos lectores leen siempre a la misma velocidad. En la mayor parte de los casos esa velocidad es muy reducida. La lectura lenta por sí sola no garantiza una mejor comprensión. Por el contrario, como se ha dicho antes, los lectores más rápidos consiguen una mejor comprensión.

El buen lector dispone de una serie de diversas velocidades de lectura. Acomoda a cada materia y conforme a sus objetivos la velocidad adecuada. En el mismo texto puede cambiar varias veces de velocidad. Siguiendo el símil del automóvil, no conducirá igual en una pista recta que en una carretera tortuosa.

Cuando el texto no tiene dificultades de contenido o sólo pretende una visión de conjunto, irá a mayor velocidad que cuando el texto es complejo y espeso. Así, su actividad lectora estará en constante armonía con el tipo de texto y el propósito específico con el que realiza la lectura.

Los buenos lectores no pronuncian mentalmente

Los malos lectores conservan desde el tiempo de la escuela la mala costumbre de leer en voz alta. Lo que entonces tenía sentido para familiarizarse con los sonidos de las letras se transforma después en un obstáculo para la lectura.

La lectura en voz alta difícilmente puede sobrepasar las 250 ppm. Esto significa que éste será su techo. Además de otra dificultad, que al estar pendiente de la pronunciación se pierde concentración en el contenido.

No todos los que pronuncian al leer son conscientes de su defecto. Con frecuencia reprimen la pronunciación en voz alta y queda sólo el movimiento de los labios. Pero aun en estos casos tiene los mismos efectos que pronunciar en voz alta y sigue condicionando la velocidad de lectura.

Otro nivel de pronunciación aun menos consciente es el que se realiza en la mente y que recibe el nombre de "subvocalización": El lector repite en su mente las mismas palabras que encuentra impresas en el texto.

Prescindiendo de los pocos casos en que con ello se busca una profundización literal del texto, en general, el objetivo de este tipo de lectura es captar el contenido.

La subvocalización limita también la velocidad de lectura al mismo nivel que la pronunciación. Muchos lectores niegan que se dé en ellos este defecto, pero cuando se enfrentan a un adiestramiento programado comprueban que subvocalizan. Este es uno de los defectos que más cuesta desarraigar en la lectura. De todos modos, acostumbra a superarse cuando el lector pasa la barrera de las 300 ppm.

Los buenos lectores están quietos

Mueven únicamente los ojos y mantienen relajados los demás músculos. Esto comienza por una postura adecuada que no provoca cansancio ni evidencia falta de interés.

En los malos lectores se puede observar la contribución de *muletas,* como reseguir las líneas con algún instrumento, mueven los brazos, el cuello y la cabeza constantemente, así les resulta difícil acelerar su ritmo de lectura a causa de las limitaciones físicas que les imponen sus malos hábitos.

Comprueba tu situación actual

Es importante que compruebes tu situación de partida, o sea, la velocidad a la que lees por término medio actualmente y cuál es tu capacidad de comprensión a esta velocidad.

Lo podrás saber al realizar el siguiente ejercicio de lectura de la forma que te indico:

Para comprobar la velocidad de lectura necesitas medir el tiempo que empleas en leer el texto. Basta un reloj con segundero. Toma nota del tiempo que necesitas y lo contrastas con la tabla que te adjunto más adelante y conocerás la velocidad de lectura en función del tiempo empleado expresado en *palabras por minuto* (ppm.)

Para comprobar la capacidad de compresión, solamente tienes que leer una vez el texto siguiente. Luego, sin volver a consultarlo, debes contestar unas preguntas que encontrarás al final de la lec-

tura. De los aciertos que tengas en respuestas que hagas se puede deducir aproximadamente la capacidad de comprensión.

Ya puedes poner en marcha el cronómetro y comenzar a leer:

«Aconteció en los días de Asuero, el Asuero que reinó desde la India hasta Etiopía sobre ciento veintisiete provincias, que en aquellos días, cuando fue afirmado el rey Asuero sobre el trono de su reino, el cual estaba en Susa capital del reino, en el tercer año de su reinado hizo banquete a todos sus príncipes y cortesanos, teniendo delante de él a los más poderosos de Persia y de Media, gobernadores y príncipes de provincias, para mostrar él las riquezas de la gloria de su reino, el brillo y la magnificencia de su poder, por muchos días, ciento ochenta días.

Y cumplidos estos días, hizo el rey otro banquete por siete días en el patio del huerto del palacio real a todo el pueblo que había en Susa capital del reino, desde el mayor hasta el menor.

El pabellón era de blanco, verde y azul, tendido sobre cuerdas de lino y púrpura en anillos de plata y columnas de mármol, y de alabastro y de jacinto.

Y daban a beber en vasos de oro, y vasos diferentes unos de otros, y mucho vino real, de acuerdo con la generosidad del rey.

Y la bebida era según esta ley: Que nadie fuese obligado a beber; porque así lo había mandado el rey a todos los mayordomos de su casa, que se hiciese según la voluntad de cada uno.

Así mismo la reina Vasti hizo banquete para las mujeres, en la casa real del rey Asuero.

El séptimo día, estando el corazón del rey alegre del vino, mandó a Mehumán, Bizta, Harbona, Bigta, Abagta, Zetar y Carcas, siete eunucos que servían delante del rey Asuero, que trajesen a la reina Vasti a la presencia del rey con la corona regia, para mostrar a los pueblos y a los príncipes su belleza; porque era hermosa.

Mas la reina Vasti no quiso comparecer a la orden del rey enviada por medio de los eunucos; y el rey se enojó mucho, y se encendió en ira. Preguntó entonces el rey a los sabios que conocían los tiempos (porque así acostumbraba el rey con todos lo que sabían la ley y el derecho; y estaban junto a él Carsena, Setar, Admata, Tarsis, Meres, Marsena y Memucán, siete príncipes de Persia y de Media que veían la cara del rey, y se sentaban los primeros del reino); les preguntó qué se había de hacer con la reina Vasti según la ley, por cuanto no había cumplido la orden del rey Asuero enviada por medio de los eunucos. Y dijo Memucán delante del rey y de los príncipes: No solamente contra el rey ha pecado la reina Vasti, sino contra todos los príncipes y contra todos los pueblos que hay en todas las provincias del rey Asuero. Porque este hecho de la reina llegará a oídos de todas las mujeres, y ellas tendrán en poca estima a sus maridos, diciendo: el rey Asuero mandó traer delante de sí a la reina Vasti, y ella no vino.

Y entonces dirán esto las señoras de Persia y de Media que oigan el hecho de la reina, a todos los príncipes del rey; y habrá mucho menosprecio y enojo.

Si parece bien al rey, salga un decreto real de vuestra majestad, y se escriba entre las leyes de Persia y de Media, para que no sea quebrantado: Que Vasti no venga más delante del rey Asuero; y el rey haga reina a otra que sea mejor que ella.

Y el decreto que dicte el rey será oído en todo su reino, aunque es grande, y todas las mujeres darán honra a sus maridos, desde el mayor hasta el menor.

Agradó esta palabra a los ojos del rey y de los príncipes, e hizo el rey conforme al dicho de Memucán; pues envió cartas a todas las provincias del rey, a cada provincia conforme a su escritura, y a cada pueblo conforme a su lenguaje, diciendo que todo hombre afirmase su autoridad en su casa; y que se publicase esto en la lengua de su pueblo.»

¡Para! Detén ahora el cronómetro.

¿A qué velocidad has leído?

Comprueba el tiempo que has empleado en la lectura.

El texto tiene 650 palabras. Busca en las dos primeras columnas de la tabla el tiempo empleado, y encontrarás en la columna de la derecha el correspondiente índice de palabras por minuto (ppm).

Por ejemplo: Si has invertido 2 minutos y 30 segundos, tu velocidad de lectura está en 260 ppm (el lector normal está sobre las 200 ppm).

minutos	segundos	ppm
1	00	650
1	15	520
1	30	430
1	45	370
2	00	325
2	15	290
2	30	260
2	45	235
3	00	215
3	15	200
3	30	185
3	45	170
4	00	160
4	15	150
4	30	140

Comprueba tu nivel de comprensión

Ahora responde, preferiblemente por escrito, a las preguntas que siguen sin volver a consultar el texto. La suma de los porcentajes correspondientes a las preguntas bien respondidas (puedes encontrar la solución en la próxima página), dará la medida aproximada de tu capacidad de compresión.

Comprensión general:

1) Resume el argumento de este capítulo en 10 líneas.

Observación de los detalles:

2) ¿Cuántos días duró el primer banquete?
3) ¿Cuántos días duró el segundo banquete?
4) ¿Dónde se hizo el segundo banquete?
5) ¿De qué colores era el pabellón?
6) ¿De que material eran los vasos en que bebían?
7) ¿Dónde hizo el banquete la reina?
8) ¿Cuántos eunucos tenía el rey?
9) ¿Puedes decir el nombre de un eunuco?
10) ¿Cuántos sabios tenía el rey?
11) ¿Cómo se llamaba el sabio que respondió al rey?
12) ¿En qué lengua el rey escribió el decreto?

Si ya has contestado las preguntas las debes valorar de la siguiente forma: La primera pregunta tiene una puntuación máxima de 40 puntos, las demás tienen un valor de 5 puntos cada una (el total máximo sería de 100 puntos). Comprueba tus respuestas con las de la página siguiente.

Por ejemplo, si tu resumen del argumento (en cuanto a las ideas expresadas) coincide en un 75% con el expuesto en el apartado de las respuestas, debes anotarte 30 puntos para la pregunta 1 (coincide con las 3/4 partes de su valor total).

Si has acertado 6 preguntas de las once restantes, deberás anotarte otros 30 puntos (5 puntos por cada respuesta acertada), que dará un total de 60 puntos de comprensión (la media de los lectores normales está sobre el 65 puntos).

Respuestas:

1) El rey Asuero hizo un banquete a todos sus príncipes de Persia y Media para mostrar las riquezas de su reino, seguidamente hizo otro banquete para el pueblo que había en Susa (capital del reino). El rey fue muy generoso y todos podían beber cuanto quisieran. La reina Vasti hizo también un banquete para las mujeres. Cuando el rey estuvo alegre mandó a los eunucos que trajesen a la reina a su presencia para mostrar su belleza, la reina se negó y él preguntó a los sabios lo que debía hacer; los sabios consideraron que a raíz de esto las mujeres tendrían en poco a sus maridos y que lo propio era destituir a la reina y hacer un decreto real para que los hombre afirmasen su autoridad en su casa.

2) 180

3) 7

4) En el patio.

5) Blanco, verde y azul.

6) Oro.

7) En la casa real.

8) 7

9) Mehumán, Bizta, Harbona, Bigta, Abagta, Zetar y Carcas.

10) 7

11) Memucán.

12) A cada provincia conforme a su escritura.

La generosidad de nuestra mente

Efecto sobre la palabra

Antes nos hemos referido al fenómeno de la superioridad de la palabra como unidad lingüística. Podemos confiar plenamente en la capacidad de nuestra mente para percibir las palabras aunque en nuestra detención no podamos tomar conciencia precisa de todas y cada una de las letras que las componen.

Aunque a una palabra le falte alguna letra, o tenga algún error, no hay problema porque nuestra mente, sin ningún coste adicional, nos dará la palabra corregida correctamente.

Es necesario tomar conciencia de esta facultad que poseemos, y confiar en ella para liberarnos del temor de no percibir con exactitud cada una de las palabras, pues este temor no permitiría que despeguemos del nivel en el que estamos actualmente para ganar velocidad en la lectura.

Veamos una demostración: A continuación se presenta un texto en el que algunas letras de algunas palabras han sido sustituidas por el siguiente signo: /.

> «Los pensa/ientos, l/s emociones y la co/ducta de /os anima/ es, incluyendo la especie human/, se debe a la acti/idad de las célu/as nervi/sas del cerebro y de la méd/la espinal.»

Habrás podido comprobar que puedes leer correctamente estas líneas aunque faltan diez letras. Tu mente ha sido generosa con la información que ha recibido y la ha corregido y complementado sin realizar ningún esfuerzo especial, ni entrar en conflicto, ni siquiera se ha quedado atascada.

Efecto sobre la frase

Algo parecido ocurre a otro nivel superior, el de la frase con respecto a las palabras que la componen. En una frase podemos pasar por encima de una palabra sin captar con precisión de qué palabra se trata, y no por ello, la mayoría de las veces, vamos a perder el sentido de la frase. Tampoco el sentido del texto, aunque a lo largo de su recorrido dejemos de captar o reconocer algunas palabras. Nuestra mente siempre tenderá a completarlo.

Vamos a leer una narración donde una serie de palabras han sido transformadas para que sean irreconocibles, sustituyendo sus letras por sucesiones de la misma longitud pero con la letra x.

«Una xxxxxxx presenta una enfermedad mental xxxxxx se alteran las reacciones químicas cerebrales de tal forma que xxxxxx a su capacidad para actuar adecuadamente. La finalidad del tratamiento xxxxxxx en modificar estas reacciones de tal forma que se xxxxxxxx la salud. La administración de xxxxxxxxxxxx es una forma de alteración de la química cerebral. Cuando los medicamentos llegan al cerebro xxxxxxx el curso de las reacciones químicas y un fármaco será un xxxxxxxxxxxx eficaz si altera de tal forma la química cerebral que xxxxxxxx la mejoría de los síntomas de la enfermedad mental.»

En este párrafo hay nueve palabras no identificables, pero cualquiera que lea la narración puede explicar perfectamente la idea que comunica. Con ello deseo que asumas y uses este gran privilegio que tenemos de poseer una mente tan generosa.

NOTA: El principio del reconocimiento del sentido del texto, aun con la ausencia de palabras, demostrado aquí, no se contradice con lo expuesto en el capítulo dedicado a la Comprensión. La razón es que estamos presentando dos niveles de aprendizaje diferentes, y el segundo es posible cuando la persona cuenta con un vocabulario amplio.

Efecto sobre la imagen de las palabras

Pero no acaba aquí las posibilidades de nuestra mente, aun hay otra capacidad mental con respecto al lenguaje escrito que debemos conocer y usar para completar esta primera etapa. Se trata de que no es imprescindible ver el grafismo completo de la letra para reconocerla, viendo la parte superior tenemos suficiente. Veamos un ejemplo:

Recordaba el momento exacto
en que supo que llevaría a cabo su misión.

Lo que caracteriza la imagen de una palabra son los rasgos superiores de las letras. Cada palabra recibe su forma característica de esos rasgos superiores; por tanto tampoco hace falta prestar una especial atención a percibir la totalidad de los grafismos de las letras o las palabras.

Si has estado atento a estos tres puntos que hemos expuesto, habrás observado que cada vez le estamos quitando más dedicación mental al detalle formal que pueden proporcionar los órganos perceptivos, y más dedicación a todos los mecanismos mentales de procesamiento lingüístico. Este es un paso esencial para cambiar nuestro concepto de lectura y poder adiestrarnos en una nueva técnica más eficaz que nos capacite para leer mejor y más rápido.

Concluimos, que la falta de letras en una palabra, o la de palabras en una frase, no hace que el texto sea necesariamente incomprensible. Si conocemos el conjunto, podemos entender el sentido aunque falten detalles, con tal de que éstos no sean decisivos.

Al lector con práctica le será suficiente posar la vista en la parte superior de las palabras para reconocer su imagen característica. Todo ello repercute en una agilidad muy superior a la normal, pero queda condicionado a que el lector disponga de un vocabulario amplio para conseguir un buen rendimiento.

Programa de trabajo para el adiestramiento

Voy a presentar a continuación el desarrollo de un programa de adiestramiento para que en poco tiempo puedas llegar a triplicar tu velocidad de lectura con una comprensión elevada.

Como todo tipo de adiestramiento, va a requerir por tu parte un trabajo sistemático, puesto que el objetivo a conseguir es un cambio de hábitos en cuanto a la lectura.

Cuando menciono un trabajo sistemático me refiero a que realices una serie de ejercicios de lectura conforme a las directrices que voy a exponer y con frecuencia, si es posible diariamente, durante algunas semanas.

El programa consta de seis apartados diferentes para que el progreso pueda darse de forma integral. Es imprescindible contar con *un registro de los resultados* que vas consiguiendo en los ejercicios, para que puedas comprobar la evolución y detectar qué aspectos debes corregir.

Junto con el Registro es esencial que desarrolles una actitud psicológica de superación para no quedarte estancado.

Además del Registro y la Actitud necesitas técnica para aumentar la velocidad de lectura. Para que la Técnica sea efectiva tendrás que desarrollar la observación para descubrir y eliminar los defectos de lectura.

La Técnica no tiene sentido si no proporciona un mayor rendimiento y éste lo conseguirás entrenándote en aumentar tu capacidad de comprensión.

Finalmente, para que todo lo anterior sea usado de la forma más inteligente posible trataremos algunas de las estrategias de lectura para abordar diferentes textos y de acuerdo a determinados propósitos.

Registro de los progresos

Es necesario que te construyas una hoja de registro donde anotarás el resultado de cada práctica que hagas. Al hacerlo podrás comprobar los progresos que vas realizando.

La hoja de registro consta de varias columnas, cada una de las cuales está dedicada a tomar nota de uno de los siguientes datos:

Fecha. Fecha en que se realiza el ejercicio

Número de palabras. Es necesario conocer el número aproximado de palabras que contiene el texto para poder calcular los demás datos. La forma de hacerlo es muy fácil: basta con que calcules el número medio de palabras por línea (con media docena de líneas es suficiente) y lo multipliques por el número total de líneas. Es normal escoger textos entre 500 y 1000 palabras.

Ppm. Es imprescindible consultar el reloj al empezar y al acabar anotando minutos y segundos. Se acostumbra a redondear los segundos en múltiplos de 5. El dato que se anota en esta columna es el resultado de aplicar una sencilla fórmula:

Se divide el número de palabras leídas por el total de segundos empleados en la lectura, multiplicando el resultado por sesenta para obtener las palabras leídas por minuto.

Ejemplo: El texto tiene 300 palabras y se ha empleado 1 minuto y 15 segundos (75 segundos). El valor ppm será igual a 240 (300:75 = 4x60 = 240).

Capacidad de comprensión. El cálculo de esta columna se expresa en puntos sobre un total de 100, no siendo tan preciso como el anterior, puesto que tú mismo has de hacer de "juez y parte".

El sistema para hacerlo es que al terminar la lectura hagas un resumen esquematizado con las ideas más importantes y también una relación de los detalles secundarios. La valoración puede ser similar al ejercicio presentado en el apartado "Comprueba tu situación actual".

Rendimiento. Será el resultado de relacionar la velocidad con la comprensión. También se expresa en forma de porcentaje. La fórmula es multiplicar el valor "ppm" por el valor "capacidad de comprensión" y dividir este producto por cien.

Tomando el ejemplo anterior, el valor ppm era 240, supongamos que se ha conseguido un 60 puntos de comprensión. El rendimiento será 144 (240x60 = 1400:100 = 144).

Hay que hacer notar que debe haber un equilibrio entre la velocidad y la comprensión para que el valor del rendimiento tenga sentido.

Por ejemplo, una persona que consigue un ppm de 1000 y 20 puntos de comprensión, tendrá un rendimiento de 200. Aunque el rendimiento sea superior que el ejemplo anterior no tiene mucho sentido leer sin comprender.

EJEMPLO DE HOJA DE REGISTRO

Fecha	N° palabras por minuto (ppm)	Comprensión en %	Rendimiento en %

Actitud psicológica adecuada

Los primeros éxitos se logran siguiendo el principio de "hacer siempre algo más de lo que sería precisamente lo más cómodo".

Proponte con firmeza el triplicar tu velocidad de lectura, trata de visualizarlo en tu mente, graba la imagen de ti mismo leyendo a gran velocidad, comprendiendo mucho mejor que antes, disfruta de esta imagen a menudo, tráela a tu mente antes de empezar cada ejercicio y, cuando lo termines, piensa que estás más cerca de conseguirlo. Felicítate por cada nuevo progreso conseguido, por pequeño que este sea. Rompe definitivamente con los viejos hábitos que hasta ahora han dirigido tu lectura. Mentalízate que eres tu propio competidor, que estás desarrollando una facultad y eso requiere un esfuerzo continuado hasta que los nuevos hábitos trabajen para ti sin que tengas conciencia de hacer ningún esfuerzo. Esta actitud es la fuerza impulsora que te lleva hasta la meta.

Aumenta la velocidad de lectura

Tal como hemos considerado anteriormente en cuanto al funcionamiento de nuestros ojos con respecto a la lectura, hemos de influir directamente en este aspecto si deseamos aumentar la velocidad de lectura.

Para conseguir aumentar de forma significativa la velocidad de lectura hay que trabajar: El ámbito de fijación y las fijaciones oculares.

Si hacemos un poco de memoria, el ámbito de fijación es la región de texto que queda entre dos puntos de fijación ocular. Ésta suele ser bastante estrecha en la mayoría de lectores, pues no han progresado mucho más de lo que aprendieron en la escuela.

Al dar los primeros pasos en el aprendizaje de la lectura, el niño aprende a reconocer todas las letras y se familiariza con ellas. Para el niño, cada letra requiere una fijación. Seguidamente comienza a combinarlas formando las sílabas, y finalmente palabras. Más tarde, sus fijaciones oculares disminuirán, realizando una sola fijación por sílaba. Pasado el tiempo se irá familiarizando más y más con las palabras, y éstas no serán nuevas para él, hará una fijación por palabra. Muchos se quedan ahí y no progresan más. Siendo adultos siguen empleando una fijación por cada palabra, aunque éstas sean monosílabas.

Un buen lector abarca grupos de palabras, e incluso frases enteras con una sola fijación.

Por lo explicado hasta aquí, podemos ver la relación inversa que existe entre ámbito de fijación y fijación ocular: A más amplitud en el ámbito de fijación, menos fijaciones oculares hay que emplear en cada línea del texto, y en consecuencia, la velocidad de lectura será mayor.

Aumento de la visión periférica

Evidentemente tendremos que desarrollar la *visión periférica* para captar el máximo número de palabras en una sola fijación.

La técnica a emplear para conseguir este objetivo es sencilla, la describiré a continuación:

EJERCICIO DE VISIÓN PERIFÉRICA

Toma un periódico o revista con el texto escrito en columnas con una media de 5 á 6 palabras por línea, una hoja de papel y una tarjeta de visita.

Ahora escoge la primera columna y tapa la mitad de ella en sentido vertical con la hoja de papel, de tal modo que te queda a la vista una columna estrecha con una media de tres palabras por línea.

Toma la tarjeta de visita y ponla sobre la columna, en su parte superior, cubriendo desde la primera línea. Seguidamente darás comienzo a la dinámica de trabajo: Se trata que de forma muy rápida, con la mano deslices la tarjeta hacia abajo para que quede a la vista durante un corto instante la primera línea de la columna, y seguidamente la vuelvas a su posición original. Este movimiento debe realizarse en una décima de segundo. Luego, mentalmente repites las palabras que has conseguido ver, y haces descender la tarjeta una línea para comprobar si tu reconocimiento ha sido correcto.

Ahora repites la misma operación con la segunda línea: haces un rápido movimiento con la tarjeta para dejar la segunda línea al descubierto por un instante, repites mentalmente las palabras que has conseguido ver, desciendes la tarjeta a la segunda línea para comprobar si tu reconocimiento ha sido correcto y te dispones a repetir la misma operación con la tercera línea, y así sucesivamente.

El objetivo de este ejercicio de entrenamiento no es propiamente la lectura, sino aumentar la visión periférica por medio del reconocimiento de varias palabras en una sola fijación.

Cuando hayas conseguido, en varias columnas, reconocer con precisión todas las palabras que con la tarjeta vas dejando a la vista por un instante, puedes considerar que has llegado al objetivo del primer nivel de este ejercicio. ¡Felicítate! Y disponte a trabajar para conseguir el siguiente objetivo.

EJERCICIO

EJERCICIO DE FIJACIÓN OCULAR

Ahora debes enfrentarte a la anchura total de la columna. Quita la hoja de papel que dividía la columna por la mitad, y disponte a realizar el mismo movimiento con la tarjeta, y con la misma rapidez que lo hacías antes. Pero pon atención a lo siguiente: Debes hacer la fijación ocular en el centro de la línea por dos razones. Primero, porque sin darte cuenta estarás haciendo más de una fijación. Y segundo, porque de lo que se trata es de ampliar la visión periférica horizontalmente, hasta el punto de que en una fijación puedas reconocer todas las palabras que hay en la línea de una columna.

Ya puedes ponerte a trabajar, pero recuerda, con una sola fijación por línea, aunque, al principio te sea difícil de captar las palabras que están en los extremos. No importa, ten confianza en ti mismo y sé honesto. Con un poco de práctica te sentirás muy satisfecho de lo que eres capaz de hacer.

Hasta aquí hemos trabajado para ampliar el espacio de reconocimiento de la visión periférica, ahora hay que complementarlo con el adecuado posicionamiento y ritmo de las fijaciones para que lo conseguido sea efectivo.

Veamos cómo podemos entrenar a nuestros ojos para que se habitúen a moverse de una determinada forma.

Fijaciones oculares bajo control

Tomemos un libro que el recorrido de sus líneas no sea muy ancho; aproximadamente el doble que una columna de las que hemos utilizado para hacer los ejercicios. Como instrumento emplearemos una regla que colocaremos en forma longitudinal, de la primera línea a la última, dividiendo la página en dos partes iguales, como si tuviera dos columnas, lógicamente la regla no la pondremos plana sobre la página, pues nos taparía buena parte de ella, sino perpendicular, apoyada sobre el papel por su borde. A nuestra vista es como si hubiéramos trazado una línea divisoria a lo largo de toda la página.

Otra forma de hacerlo, es proveerse de un papel vegetal (transparente), en el que hemos trazado una línea en sentido vertical, y lo colocamos sobre la página que vamos a leer con el fin, igualmente, de que nos la divida en dos partes iguales.

En el caso de que escojas un libro con páginas más anchas, lo propio es que te prepares otra hoja de papel vegetal, con dos líneas verticales en vez de una, para que divida la página en tres columnas, y así puedas trabajar con el espacio de reconocimiento adecuado al nivel que te encuentras.

Una vez escogido el instrumento que más nos guste, empezaremos a leer haciendo sólo dos (o tres, en su caso) fijaciones por línea, una en el centro de cada "columna" (cada una de las partes en que ha quedado dividida la página). Comenzaremos con un ritmo lento: 1/2 segundo por fijación. Lo importante ahora no es la velocidad, que vendrá progresivamente, sino el ritmo. Como hemos dicho anteriormente, hemos de imprimir un ritmo sistemático a nuestros ojos.

Llegados a este punto, ya podemos utilizar las hojas de registro en cada ejercicio para ir comprobando la evolución de nuestro adiestramiento.

No hagas ejercicios excesivamente largos. Lo ideal es que sean de 500 a 1000 palabras y tomes el tiempo para sacar las ppm y también compruebes el nivel de comprensión para deducir el rendimiento.

Más velocidad

Comprobarás que en el punto en que ahora te encuentras, si has realizado los ejercicios hasta conseguir los objetivos que se te proponen, el valor *ppm* que obtendrás como resultado será sensiblemente superior al que tenías antes.

Ahora voy a darte un sistema fácil para que te ayude a mantenerte en superación constante en cuanto a la velocidad. Ya has ampliado mucho tu campo visual, has impreso un ritmo a los músculos de tus ojos, ahora sólo es cuestión de acelerarlo.

EJERCICIO

EJERCICIO DE VELOCIDAD

Toma una cartulina suficiente grande como para cubrir el ancho de la página del libro. La colocarás en la parte superior del libro, de forma que el borde inferior de la cartulina se encuentre encima de la primera línea de la página. Con una mano irás deslizando la cartulina hacia abajo cubriendo las líneas que vas leyendo. La importancia de este sistema está en que la velocidad en que va deslizándose la cartulina sobre la página es la que te marca tu velocidad de lectura, no al revés. No es la mano que mueve la cartulina la que debe esperar a que haya terminado de reconocer las palabras, sino que debes determinar para la cartulina una velocidad adecuada a tus posibilidades y progresivamente irla aumentando.

Recuerda cuál ha de ser tu lema: "Lee siempre algo mejor de lo que te resultaría cómodo".

Descansa

Los ejercicios de educación visual, al principio pueden producir una cierta fatiga hasta que se convierta en una conducta habitual. En realidad la actividad de los ojos del mal lector es en sí mucho más fatigosa: más fijaciones por línea, retrocesos oculares, distracciones que requieren repeticiones, etc. Pero sin embargo, ese esfuerzo, al haberse hecho habitual, no se percibe como esfuerzo que agota la vista.

Por tanto, en el momento en que notemos la fatiga ocular, debemos cerrar los ojos por algún tiempo hasta que desaparezca, otra alternativa es cambiar a una actividad que requiera menos concentración y movimiento visual.

Descubrir y eliminar los defectos de lectura

Un factor esencial en el progreso personal es el ejercicio de la autoobservación. Poner atención en cómo realizamos la tarea de la lectura nos mostrará en qué aspectos hemos de trabajar más y mejor.

Los cuatro aspectos en que se ha de poner especial atención hasta desarrollar hábitos bien arraigados son:

> *Las Regresiones*
>
> *La Subvocalización*
>
> *Las fijaciones*
>
> *La concentración*

Aumentar la capacidad de comprensión

La capacidad de comprensión estriba fundamentalmente en dos requisitos que debe reunir todo buen lector.

El primero tiene que ver con el bagaje de conocimientos que posee. Como ya hemos comentado anteriormente, una gran riqueza de vocabulario y una amplia formación general son las bases de la comprensión en la lectura.

Para conseguirlo, debes proponerte ampliar tu vocabulario. Puedes hacerlo de diferentes formas, pero necesariamente no podrás escaparte de hacer del diccionario tu mejor amigo, tenlo siempre a tu lado cuando leas.

Puedes marcar con lápiz en el libro las palabras que no conoces y cuando termines la lectura buscarlas en el diccionario. En caso de no poder marcarlo, puedes anotarlas en una hoja de papel, o puedes sencillamente buscarlas en el diccionario conforme te vayan surgiendo.

Para ampliar tu formación general, basta con que leas regularmente revistas de temas variados, periódicos o diferentes tipos de literatura.

El segundo requisito hace referencia al modo de enfrentarse con el texto. Hay que empezar a leer con el decidido propósito de buscar cuanto antes las ideas principales del tema para extraer lo importante y no perderse.

Esto se consigue cuando, antes de empezar a leer, establecemos cuestiones muy concretas que nos ayudarán a filtrar la información que empezaremos a recibir.

Por ejemplo, si el título del artículo es "Un accidente en alta mar", antes de empezar a leer ya construiremos algunas preguntas para entresacar lo importante de lo secundario. Las preguntas podrán ser las siguientes dependiendo de nuestros intereses: ¿Cuál fue el accidente?, ¿Cómo fue el accidente?, ¿Por qué se produjo el accidente?, ¿Quién sufrió el accidente?, etc.

Puede pasar que, de no ir con la decidida intención de buscar la respuesta a estas preguntas, el lector empieza a perderse en detalles, confundir personajes, acciones o situaciones. Y aunque parezca difícil, al terminar la lectura, como pasa muchas veces en las pruebas que se realizan, el lector no está en situación de dar respuesta clara a estas cuestiones.

Una vez las ideas claves están claras es como si se hubiese conectado la luz. Los demás detalles son fáciles de encajar.

Estrategias de lectura

Se puede hacer una clasificación de los diferentes tipos de lectura respecto a la dificultad del contenido y a los propósitos que persiga el lector:

Según el contenido:

- Lectura fácil, informativa o de entretenimiento con vocabulario familiar.

- Lectura normal, literatura con vocabulario más rico, información propia de la profesión, etc.

- Lectura difícil, textos técnicos, especializados, con datos, razonamientos complejos, etc.

Según el propósito.

- Para dominar la información y el contenido, que suele ser necesariamente cuidadosa, lenta y repetida.

- Explorativa, a modo de rastreo del libro a fin de tener una visión general del mismo.

- La de repaso, a modo de lectura rápida del libro con el que ya estamos familiarizados, con el fin de afirmar los conocimientos.

- La lectura que se hace con el fin de buscar una información determinada o para responder a una cuestión específica.

- La lectura crítica, como leer para enjuiciar.

- Lectura de entretenimiento.

- Lectura de corrección, cuando se presta una atención meticulosa a la ortografía, puntuación y estructura de las oraciones.

Por tanto, tal como ya he dicho anteriormente, lo inteligente y eficaz será ir adecuando la velocidad de lectura respecto al contenido y al propósito que tenemos. El propósito de este apartado es hacer mención de dos formas de leer para ahorrar tiempo y evitarse fatiga mental innecesaria.

Lectura a gran velocidad

Este tipo de lectura se usa para tomar una idea general del texto, como primera aproximación, para decidir posteriormente qué partes habrá que volver a leer con detenimiento. Otra aplicación puede ser para repasar materias conocidas y estudiadas anteriormente. También para avanzar rápidamente sin perder el hilo en apartados secundarios de un texto, etc.

La forma de hacerlo es acelerando el ritmo de las fijaciones; lógicamente se pierde capacidad de comprensión, pero en el caso del repaso no hay problema, puesto que ya conocemos el tema. En el caso de la primera lectura, el objetivo es tomar contacto con el tema y descubrir algunas de las ideas principales para poder predisponer nuestra actitud, haciéndonos preguntas que trataremos de respondernos en una segunda lectura, seleccionar los apartados que más nos interese profundizar, etc.

Lectura selectiva

En este caso la cuestión está en que tenemos muy definido lo que necesitamos encontrar en el texto, de tal forma, que hay unas palabras claves que pondrán de relieve dónde está la información que buscamos. Lógicamente sería absurdo leer línea por línea de la forma que hemos aprendido, aunque vayamos a mayor velocidad que antes, puesto que hay gran cantidad de este texto que no nos interesa lo más mínimo.

Nuestra mente tiene la facultad de ser muy selectiva cuando nos lo proponemos, y en este caso hay que aprovecharlo.

Podemos deslizarnos a lo largo de un texto sin el propósito de

captar las ideas principales, ni el sentido del texto, sino, simplemente, buscando la imagen de una o varias palabras determinadas. Al cruzarse nuestra vista con ellas, automáticamente se pondrán de relieve para nuestra percepción. Nuestra mente puede hacer esto por nosotros. Es el principio de la *figura* y el *fondo*, por medio de los cuales nuestra mente selecciona donde centra la atención.

Conociendo que nuestro objetivo es encontrar determinadas palabras y sabiendo que nuestra mente está especialmente preparada para entresacarlas de entre todas las demás, con sólo pasar con rapidez nuestra vista por encima sin la intención de leer, se pueden usar diferentes sistemas para barrer visualmente la página:

- *En vertical:* Deslizando la vista de arriba a bajo de la página primero por la mitad izquierda y posteriormente por la mitad derecha.

- *Por bloques horizontales:* Haciendo que nuestra vista recorra un bloque de tres líneas a la vez de izquierda a derecha, pasando luego al inmediatamente inferior.

- *En zig-zag:* Nuestra vista irá en diagonal a través de varias líneas, empezando por el lado izquierdo de la página y acabando en el derecho, para volver horizontalmente al lado izquierdo y seguir bajando en diagonal. Así sucesivamente hasta llegar al final de la página.

Lógicamente hay otros sistemas para hacer lectura selectiva, pero pienso que con los sugeridos será suficiente.

Por dónde empezar a leer un libro

Antes de empezar con la lectura propiamente de un libro es conveniente poner atención a una serie de apartados del mismo que proporcionan una estimable orientación:

- *Título:* Puede describir en pocas palabras el contenido.

- *Nombre del autor.* Nos puede dar idea de sus capacidades y posición que mantiene.

- *Contraportada*. La editorial suele dar a conocer algo del libro en este lugar.

- *Datos técnicos de la edición*. Dónde y cuándo se publicó, si es original y cuántas ediciones han realizado.

- *Prólogo*. Suele opinar un experto sobre el trabajo o el autor.

- *Presentación*. Proporciona datos sobre el autor y sus trabajos.

- *Introducción escrita por el autor*. Nos hace entrar en el tema tratado.

- *Índice de materias*. Nos da una idea de la estructuración del contenido, también indica qué cosas se tratan y cuales están ausentes.

- *Subtítulos*. Al hojear las páginas del libro en una rápida pasada los encontraremos y nos sirven de complemento al índice de materias.

- *Notas a pie de página*. Hace referencia a fuentes y autores.

- *Ilustraciones, gráficos, tablas, etc*. Son muy valiosas para explicar los puntos difíciles.

- *Resúmenes*. Repiten en pocas palabras lo más importante del contenido del capítulo.

- *Índices analíticos*. Revelan en una ojeada el trabajo empleado en la redacción del libro y los puntos más importantes de su contenido.

- *Glosarios*. Muy útiles para familiarizarse con la terminología especializada.

- *Referencias bibliográficas*. Dan a conocer al lector los materiales de que se ha servido el autor. Sirven de orientación para ampliar conocimientos, o para seleccionar otro libro más interesante.

- *Epílogos*. Son consideraciones finales, hacen referencia a lo que queda pendiente.

- *Propaganda de la editorial*. Da a conocer otros títulos sobre temas similares.

Cuanto más positiva sea la valoración que hagamos del libro que vamos a leer, deducida de los puntos que acabamos de exponer, mayor será el interés y aprovechamiento del mismo.

Y ahora, organízate bien

Podemos tener muy buenas intenciones, y mejores capacidades; pero si no trabajamos de forma eficiente, el rendimiento final puede ser muy pobre. De aquí la gran importancia de trabajar organizadamente.

Para aprovechar bien el tiempo, no necesariamente hay que hacer las cosas más deprisa, ya que corremos el riego de cometer más fallos. Tampoco hay que trabajar hasta agotarse, puesto que el rendimiento va disminuyendo de forma progresiva.

Para aprovechar bien el tiempo es necesario que nuestro trabajo sea dirigido inteligentemente. Para ello, debemos hacerlo con sistema y con técnica.

La planificación

La planificación tiene que ver con la idea que trazamos sobre la evolución que debe seguir un determinado proyecto, para que, organizando una serie de medios físicos y humanos con una determinada estrategia, realicemos las tareas necesarias que permiten conseguir el objetivo en un plazo de tiempo prefijado.

Como puede verse, esta definición relaciona varios elementos:

El proyecto hace referencia a la idea que tenemos respecto a cómo han de ser determinadas cosas en el futuro. El que se enfrenta al proyecto de una carrera lo hace sabiendo que cuando termine se encontrará en un nuevo nivel de conocimientos que le permitirá tener acceso a lo que ahora no puede.

Necesariamente todo proyecto incluye un objetivo, el cual le da razón de ser y representa su meta final. En este caso sería la titulación.

La resolución del proyecto debe estar dentro de un tiempo establecido. En caso contrario, obtener el objetivo fuera de tiempo, puede suponer que ya no sea útil o no interese.

Para conseguir el objetivo habrá que realizar una serie de tareas que son las que nos permitirán llegar hasta él. Para llevarlas a cabo serán necesarios unos medios físicos y humanos tales como libros y dedicación personal.

Tan importante como los medios es la forma de utilizarlos. A esto lo llamamos *estrategia*, que es el conjunto de directrices intelectuales que determinan qué hacer, cuándo y cómo hacerlo.

Entonces, planificar bien, sería la capacidad de combinar adecuadamente todos estos elementos sacando el máximo rendimiento con la mínima inversión.

El refrán dice que el tiempo es oro, pero en la realidad, nos preocupa mucho más el empleo de nuestro dinero, renovable, que el de nuestro tiempo, irreemplazable.

Aunque la planificación debería ocupar un lugar principal en nuestro estilo de vida, en esta sección sólo se darán unas pautas generales junto con una aplicación para ayudar a los que se forman intelectualmente.

Veamos los pasos a seguir cuando se desea planificar un determinado proyecto.

El objetivo

"Nadie va más lejos que el que no sabe dónde va". Es muy difícil planificar un camino a seguir, cuando no hay una meta establecida. Por lo tanto es primordial clarificar el objetivo que pretendemos.

Todas las personas que muestran interés en los estudios que están realizando y se esfuerzan por mejorar su rendimiento, sin duda, suelen tener claro el por qué trabajan y a dónde quieren llegar. En el caso de no tener claro estas dos cuestiones, será necesario reflexionar y definirlas cuanto antes.

Los objetivos parciales

Cuando el proyecto tiene cierta envergadura o complejidad, necesariamente tendremos que establecer objetivos parciales. Tanto si uno desea ser ingeniero como si desea ser mecánico, realizar un curso escolar o conseguir el carné de conducir, deberá especificar una serie de etapas a superar a lo largo de todo el proceso.

Esto debe ser así por varias razones:

- El objetivo final puede no ser realizable en un plazo corto.

- Si estamos ante un proyecto complejo habrá que ir construyéndolo progresivamente.

- Psicológicamente puede abrumarnos si nos enfrentamos ante la totalidad del proyecto.

Todos los estudios de cierta importancia están divididos en varios cursos, en cada curso hay diferentes asignaturas, a su vez, muchas asignaturas se dividen en dos partes y, por supuesto, es necesario realizar una asimilación progresiva.

El propósito de hacerlo así es dividir la dificultad total en partes asequibles a las posibilidades y capacidades personales.

Justificación de objetivos

Muchos proyectos fallan o se entorpecen por no establecer los objetivos parciales convenientemente. Nuestros hábitos nos traicionan a menudo a la hora de fijar el orden correcto de los pasos que hemos de dar. A continuación se relacionan algunas de nuestras tendencias ante las tareas:

• Lo que nos agrada lo hacemos antes de lo que nos desagrada.

- Lo que se hace rápido, antes que lo que lleva mucho tiempo.

- Lo que es fácil, antes que lo que es difícil.

- Lo que sabemos hacer, antes que lo que es nuevo para nosotros.

- Lo que es urgente, antes que lo que es importante.

- Lo que otros nos imponen, antes que lo que nosotros hemos escogido.

Por tanto, planificar inteligentemente significa, determinar las tareas a realizar dependiendo no de los criterios anteriores, sino de los más adecuados al objetivo que se persigue.

Análisis de la estrategia

Pueden haber muchas maneras de hacer un trabajo, pero siempre hay una mejor que otra. Un tiempo de reflexión antes de ponerse manos a la obra es imprescindible para trabajar inteligentemente. Hay que estudiar las ventajas e inconvenientes de cada alternativa para considerar cuál favorece más el objetivo que se pretende.

Definición de tareas

Al final de esta reflexión deberá salir un plan esquemático de todo lo que es necesario hacer para moverse desde el punto de partida al punto de llegada. Hay unas tareas que hacer y hay que especificarlas bien: en qué consiste cada tarea.

El trabajo intelectual es una tarea compleja, a veces muy compleja. Hay que hacer diversas labores que se complementan unas a otras para poder conseguir el objetivo de saber. Algunas de ellas son: leer, escuchar, comprender, analizar, estructurar, consultar, reflexionar, memorizar, repasar, etc. Y como se ha dicho en el punto anterior, habrá que realizarlas según una estrategia eficiente.

Determinar el calendario

Todo lo que hay que hacer, no se puede hacer a la vez. Partiendo desde lo más general a lo más particular, en todo proyecto debe programarse cada tarea para que pueda darse sincronización, y el conjunto pueda avanzar de forma equilibrada.

Hemos de determinar la duración y poner fechas de término para los trabajos no malgastando esfuerzos.

Especificar los medios necesarios

¿Qué hace falta para llevar a cabo las tareas propuestas? Generalmente cuando hacemos algo estamos empleando medios humanos y materiales. Al preverlos, los podemos utilizar en el momento oportuno evitando retrasos e interrupciones.

Muchos interrumpen el tiempo de estudio llamando por teléfono para realizar consultas a los compañeros (que se alargan más de lo previsto), salen a la biblioteca a recoger algún libro o, se quedan sin folios a media sesión de trabajo. Éstas y otras contingencias son suficientes para perder un tiempo precioso e irrecuperable.

Distribución de las tareas

No siempre un proyecto puede realizarlo una sola persona. Frecuentemente nos necesitamos unos a otros para conseguir nuestros objetivos. La mayoría de las veces es un trabajo en equipo: Profesor, alumno, padres (en su caso) o trabajos coordinados en grupo. La cuestión es especificar claramente las responsabilidades de cada cual y llevarlas a cabo puntualmente.

Supervisar el avance

Periódicamente, hay que tomar cierta "distancia" del propio trabajo para poder ver el avance desde una perspectiva global. Esto se consigue si te imaginas en la situación de juzgar el trabajo realizado por un compañero como si tú fueras el profesor. El objetivo es tomar conciencia de que se está haciendo lo que se debe hacer.

Corregir las desviaciones

Es muy poco frecuente que en el progreso de un proyecto no haya desviaciones de lo previsto, puesto que indudablemente salen dificultades. Adaptarse en este caso no quiere decir modificar el objetivo, sino tener una mentalidad lo suficientemente amplia como para ser capaz de ver otras alternativas de avance ante los obstáculos que van saliendo. Así pues, hemos de contar que en la práctica surgirán imprevistos y desviaciones del plan original, los cuales hemos de corregir buscando acciones alternativas para reconducir el proceso hacia el objetivo que perseguimos y no desviarnos hacia otro.

EJEMPLO DE PLANIFICACIÓN

Mes:

		1	2	3	4	5	6	7	8	9	10	11	12	13	14	15
ESTUDIOS *	Matem.		1			1			1			1			1	
	Historia	2			1			2								
	Inglés		1			1,5										
	Castell.	1			1											
	etc.		1													
REPASOS **	Matem.			15**												
	Historia				20											
	Inglés		10													
	etc.				10											
TRABAJOS *	Historia			2*					2			2				
	etc.						2				2					

* *Tiempo en horas*

* *Tiempo en minutos*

La fijación de los conocimientos

¿Cómo se conservan en la memoria los conocimientos aunque pase el tiempo? En nuestra mente se dan diferentes procesos que facilitan el olvido, como son el decaimiento del recuerdo y la interferencia de la información.

Aunque estos procesos no se dan en la *Memoria a Largo Plazo,* sí dificultan los mecanismos de recuerdo.

Acostumbra a pasar con muchos estudiantes, que trabajan un tema y lo dejan aparcado hasta unos días antes del examen, para repasarlo entonces. Al hacerlo así, se encuentran con la sorpresa de que, al retomarlo, el material es totalmente extraño. Algunos dicen no recodar nada. Les parece mentira que todo aquello lo escribieran o subrayaran ellos mismos un tiempo atrás.

Lo que ha pasado durante este periodo de tiempo es que el recuerdo se ha ido debilitando. Por otra parte, un nuevo material se introducido en la mente ocupando un lugar más cercano en el tiempo.

El progresivo decaimiento del recuerdo es un fenómeno que ha sido muy estudiado. En circunstancias normales, una gráfica mostraría cómo el nivel de memorización aumenta poco después de haber terminado el aprendizaje para luego caer en picado (el 80% de los detalles se olvidan al cabo de 24 horas).

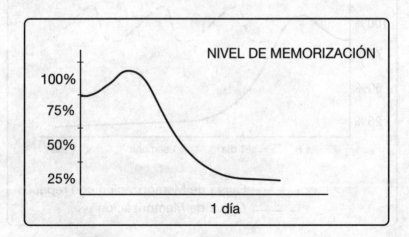

Nuestra mente es un universo donde pueden perderse miles de informaciones si no ponemos cuidado en hacer algo más que dejarlas caer en su inmensidad.

La idea de "guardarlo", nos da a entender que pondremos lo que deseamos recuperar en un lugar controlado, que conocemos bien y, que al acudir a él, encontraremos lo que anteriormente depositamos. Respecto a esto, ya se ha explicado con detalle cómo hay que hacerlo: asociando la nueva información con la que ya poseemos.

Además, durante un tiempo no se puede perder totalmente de vista, debe seguirse en contacto con la información hasta que haya sido asimilada. Esto significa que después de haber estudiado un tema deben establecerse unos repasos. Si se organiza de forma adecuada un método de repaso, el decaimiento del recuerdo podrá modificarse de forma que la memorización se mantenga en el nivel máximo alcanzado poco después de concluido el periodo de aprendizaje.

Para conseguirlo es necesario programar una serie de repasos cada uno de los cuales deberá efectuarse justo antes de que empiece a descender el nivel de memorización.

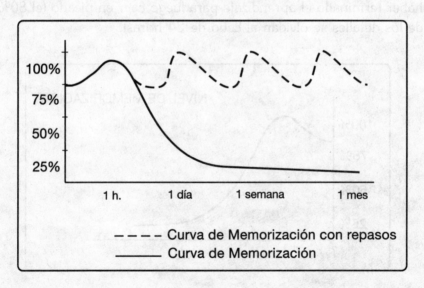

100%
75%
50%
25%

1 h.   1 día   1 semana   1 mes

– – – – Curva de Memorización con repasos
——— Curva de Memorización

El proceso ideal de asimilación es el siguiente: El primer repaso ha de efectuarse en la hora siguiente al término del aprendizaje. De esta forma el nivel de memorización se mantiene constante aproximadamente durante un día. Al día siguiente deberá tener lugar un nuevo repaso. A partir del mismo, la memorización continuará constante cerca de una semana, periodo tras el cual se tendrá que hacer otro repaso, realizándose el último un mes más tarde. Una vez transcurrido este tiempo, la información quedará almacenada en la Memoria a Largo Plazo, lo que significa que pasará a ser tan familiar como pueda serlo un número de teléfono que usamos con frecuencia, necesitando de un estímulo ocasional para recuperarse.

Los repasos serán de muy pocos minutos, no releyendo lo aprendido, sino memorizando las ideas principales para luego comprobar el nivel de recuerdo contrastándolo con el esquema o apuntes.

Lo propio es que cada día se dedique un corto tiempo al repaso de temas que han sido estudiados anteriormente. El control de los temas a repasar debe llevarse con un planning donde estarán distribuidos adecuadamente.

Las pausas

En cualquier tarea debe existir una alternancia del trabajo con el descanso, pues de lo contrario aparecerán la saturación y el agotamiento, siendo estos efectos incompatibles con el rendimiento y la eficacia.

Estudiar durante varias horas seguidas puede ser contraproducente si no se realizan pausas. Este aspecto es fundamental e indispensable para no desperdiciar un tiempo precioso.

La comprensión y la retención siguen caminos diferentes. Aunque tienen lugar casi simultáneamente, en realidad son actividades mentales completamente autónomas. Si nosotros estamos estudiando durante tres horas seguidas, es muy probable que nuestra capacidad de comprensión permanezca constante, mientras que nuestra retención decaerá notablemente. Ésta última pierde fuerza con el paso del tiempo, de modo que los conceptos se comprenden, pero en su mayor parte se olvidan.

Se ha demostrado que las informaciones aprendidas en la fase central del periodo de estudio son las que corren mayor riesgo de ser olvidadas; se recuerdan mejor las informaciones estudiadas al principio y al final que las intermedias.

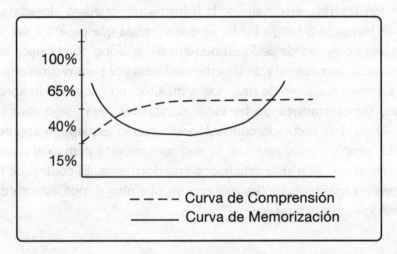

Sabiendo esto, podemos evitar periodos de estudio infructuoso que sólo nos servirían para engañarnos a nosotros mismos. Quien no sabe estudiar, pierde el tiempo y posiblemente el amor por el estudio.

Estudiar de modo inteligente significa sacar el máximo partido de la capacidad de comprensión y retención. Para ello hay que tratar de intercalar correctamente las pausas en los tiempos de estudio. El plazo en que las dos actividades (retención y comprensión) se mantienen dentro de valores aceptables es de cuarenta a sesenta minutos.

Es necesario controlar la duración de las pausas. Por lo general es aconsejable que duren aproximadamente una décima parte del tiempo de estudio.

Aplicando este principio, la curva de atención, retención, memorización y concentración se mantendrán dentro de niveles aceptables. Hay que tener en cuenta que durante las pausas el inconsciente organiza las informaciones que acaba de aprender y las elabora.

Es necesario entender que las pausas son parte integrante del estudio.

Redacción de un tema

Hay por lo menos dos aspectos esenciales que deben tenerse en cuenta a la hora de preparar y componer un trabajo escrito: Por un lado el texto debe traslucir el sello de nuestra personalidad, de lo contrario será un trabajo insulso. Pero por otra parte, debe de estar regido por unas normas mínimas de orden y técnica tanto a la hora de su generación, como de su final presentación; ello permitirá que el receptor pueda comprender con facilidad y claridad todo lo que le estamos transmitiendo.

Definir el tópico

Antes de empezar a ponernos manos a la obra necesitaremos definir lo más claramente posible lo que pretendemos conseguir con este trabajo. En este caso el tópico sería el *"esquema conceptual"* más general de todo el tema. En él se reflejarían las ideas más globales de todo lo que queremos expresar.

Exploración y Consulta. En el caso de no tener mucha idea de cómo ha de ser el tópico, será necesario emplear un tiempo en una labor puramente informativa para adquirir un nivel básico de conocimiento sobre el tema, que nos permita elaborar el tópico y poder movernos con cierto conocimiento de causa por el camino que vamos a emprender.

Muchas veces es de ayuda y orientación hacer una primera revisión de trabajos ya realizados, paralelos al que hemos de ejecutar, para tomar una idea tanto de los aspectos principales de su contenido como de la forma en que están presentados.

La investigación

Básicamente, en esta fase hay dos tipos de tareas a realizar:

Reunir el material específico que necesitaremos para la composición de nuestro texto.

Dependiendo del tipo de tema y sus pretensiones, tendremos que consultar fuentes muy diversas: Bibliotecas, Archivos, realizar entrevistas, acudir a conferencias, observación personal de los hechos, etc. Todo ello nos proporcionará una serie de apuntes, la mayoría de veces inconexos, similares a las piezas de un puzzle, pero imprescindibles para realizar el trabajo.

Clasificación del material

Es necesario que todo el material que vayas consiguiendo lo guardes de forma ordenada bajo una serie de epígrafes, que luego te facilitarán una localización inmediata de lo que necesites.

También debes clasificar una serie de referencias sobre artículos, párrafos o temas de interés que en su momento necesites consultar. Lo harás anotando el tema, el título del libro, la página donde se encuentra, y la localización del libro si es necesario.

A nivel práctico, una carpeta con una serie de divisiones, podrá ser muy útil para la clasificación. Otro detalle funcional es que cada apunte lo tengas en una hoja para manejarlo con independencia de otras informaciones.

La elaboración

Ésta es la parte más central de todo el proceso intelectual que se está realizando y debe incluir por lo menos tres aspectos fundamentales:

Reflexión sobre todo el trabajo realizado y el objetivo que se pretende conseguir

Antes de seguir adelante será necesario pararnos un poco para tratar de dar sentido en nuestra mente a todo el material que hemos reunido. Al igual que en un rompecabezas, necesitamos contar con una imagen para poderlo construir. Aquí también es necesario tomar distancia de las particularidades de la investigación realizada y centrarnos en la representación global del trabajo.

Estructuración del material

El paso siguiente será hacer un análisis de todo lo que tenemos y pretendemos para darle un lugar adecuado a cada información. En esta fase ya se definirán todos los puntos y subpuntos del sumario. Se establecerá el orden de contigüidad, de importancia, de extensión aproximada, etc. Es como si fabricáramos una estantería con unas medidas y propósitos específicos, y en ella fuéramos colocando los diferentes objetos, cada uno en su lugar.

Redacción del borrador

El borrador es un escrito de primera intención, no definitivo, en el que se pueden hacer ampliaciones, supresiones o enmiendas. Por lo tanto hay que hacerlo sin temor, poniendo la mayor atención en la construcción del texto esencial: las ideas principales y secundarias, y las conexiones entre ellas para que todo tenga un sentido lógico e inteligible. Su resultado será el pretrabajo, que ya contará con un cuerpo, no sólo con el esqueleto que teníamos en la fase de la estructuración. Posiblemente esté bastante resumido, pero contará con todo lo fundamental del trabajo.

La presentación

En la última fase hay que tener en cuenta dos cosas importantes: El estilo literario, y la economía del lenguaje.

El estilo literario

Toma un poco de distancia de todo lo que has hecho hasta ahora. Céntrate en la forma, el fondo ya está realizado. Como el propósito de este libro no es profundizar en este aspecto, sólo diremos que el estilo vendrá determinado por varios factores: La creatividad personal, el nivel cultural, el tipo de tema que se aborda y el receptor o tipo de receptores a los que va dirigido.

La economía del lenguaje

Sin lugar a dudas nuestro lenguaje tiene una característica muy marcada de economía, queriendo expresar con ello que no se describen con toda abundancia de detalles cada una de las cosas que deseamos comunicar, sino que se da por supuesto que nuestro interlocutor tiene un nivel de conocimientos similar al nuestro, o por lo menos, el suficiente para comprender lo que le estamos transmitiendo, por tanto, podemos ahorrarnos infinidad de explicaciones. Por ejemplo, cuando nombramos la palabra mesa, no es necesario describir como es, se da por supuesto que el receptor lo sabe.

Esta peculiaridad del lenguaje requiere hacer el esfuerzo de ponernos en el lugar del receptor para poder garantizar que la comunicación será bien comprendida. Podemos imaginarnos lo que él puede conocer respecto al tema que le presentamos, o cómo lo puede ver desde su perspectiva.

El pensar en estos términos nos ayudará a presentar un trabajo excelente.

Autocontrol y modificación de hábitos

Hay dos aspectos básicos:

- Debe haber una constante contrastación entre el plan que nos hemos trazado para conseguir el objetivo que deseamos (nuestro punto de referencia) y el avance real que estamos teniendo en la práctica.

- Como consecuencia se irán corrigiendo las desviaciones que se vayan produciendo en la práctica lo antes posible.

Se trata, pues, de modificar determinadas conductas, profundamente arraigadas en nosotros y sustituirlas por otras más eficaces para la consecución de buenos resultados.

Progresivamente el estudiante de ser más autodirectivo regulando su propia conducta. He aquí un modelo de tres fases para desarrollarlo:

Autoobservación

En principio el estudiante debe tomar conciencia de su propia conducta empleando para ello su capacidad de autoobservación.

La forma de hacerlo es por medio de un registro gráfico donde se irá anotando todo lo que observa en sí mismo cuando se halla realizando el trabajo de estudio.

Veamos una aplicación práctica de lo que se está diciendo sobre el asunto del empleo del tiempo.

Debemos proveernos de una hoja de papel donde se encuentra preparado un cuadro que contiene los días de la semana y las horas (divididas en dos partes) disponibles de cada día.

EJEMPLO DE REGISTRO

	DOM.	LUN.	MAR.	MIER.	JUE.	VIER.	SAB.
8	Desayuno	Desayuno		Desayuno			Desayuno
		Transporte		Transporte			Aseo
9	Aseo	Facultad		Aseo	Facultad		Deporte
	Desayuno			Desayuno			
10	etc.			Estudio			
							etc.
11							

Durante la semana se anotará la actividad que se realiza cada media hora. Al final de la semana se podrá observar en qué se emplea realmente el tiempo y se podrán sacar conclusiones.

Las personas que lo registran bien suelen llevarse una sorpresa. Nunca pensaron que perdían tanto tiempo en cosas superfluas.

Esto te permitirá diagnosticar cuáles son tus puntos débiles, tus deficiencias. Es importante constatar que la autoobservación por sí sola produce la disminución de las conductas indeseables y el aumento de las deseables.

Así, si la conducta a desarrollar es un estudio más atento y concentrado, evitando tanto la desaparición de las distracciones como el estudio superficial, el mero hecho de autoobservarse, va a producir un estudio más atento y más eficaz.

Por otra parte, la autoobservación influye también en la motivación de cambio en la persona, ya que le demuestra en la práctica la posibilidad de modificar su conducta aumentando su competencia.

Autoevaluación

La segunda fase consiste en la *Autoevaluación*. Para ello, se deben tener unos criterios de actuación claros con los que comparar las conductas concretas realizadas. Cada uno debe tener sus propios criterios de actuación realizando un horario y un plan de trabajo adaptado a sus necesidades.

Volviendo a la aplicación anterior y con la base del registro realizado, se analizan las actividades reflejadas en el cuadro:

Comprueba si realmente están todas las actividades justificadas.

...si deben hacerse cambios (introducir o eliminar actividades).

...si los medios con que cuentas son los adecuados.

...si la forma en que se ejecutan las actividades es la mejor.

...y, por último, si existe una manera más conveniente de distribuirlas.

Este primer análisis ya te proporcionará mucha información para hacer cambios sustanciales en tu modo de trabajar.

Es conveniente que compares tu conducta concreta con las normas de actuación de que dispones, lo cual te permitirá evaluar tu propia conducta. Es importante destacar que debes ser tú mismo el que, a partir de la información de que dispones, elabores tus propios criterios de actuación, intentando gradualmente acercarte al punto óptimo fijado. Los criterios de actuación no deben ser, por tanto, un conocimiento vago y general de lo que se debe hacer, sino una declaración clara y explícita, a ser posible por escrito, de los objetivos concretos en cada momento.

Autorrefuerzo

La tercera fase es la del *autorrefuerzo*. En ésta, debes autoadministrarte refuerzos positivos o negativos, en función del resultado de la fase anterior.

Estos refuerzos pueden ser de dos tipos:

Tipo emocional como el incentivo, que serán "gratificaciones" administradas en el tiempo de descanso relacionadas con el avance del programa de estudio.

Tipo racional a base de utilizar refuerzos verbales en los que se valora la actuación y los resultados obtenidos contrastándolos con los criterios fijados previamente.

Preparación para el examen

A la mayoría de estudiantes siempre les da la impresión que no están suficientemente preparados para enfrentarse a las pruebas. En muchos casos es así, pero en otros, los estudiantes se encuentran preparados pero la ansiedad les juega en contra reduciendo su respuesta intelectual.

Seguidamente se presentan unas sugerencias muy útiles para presentarse en las mejores condiciones ante un examen.

Descanso

Hay que descansar la noche anterior. Los atracones antes del examen con falta de descanso son muy perjudiciales para el buen funcionamiento de la mente. A parte, crean una sensación de mayor inseguridad: Como más repasas los temas, menos te parece dominarlos. Todo lo que no se ha hecho en los meses anteriores no se puede pretender hacer en unas pocas horas antes del examen.

Relajación

Se debe llegar al examen en un estado de relajación y confianza. Cuanto más tenso o ansioso estés, más bloqueo e inseguridad tendrá la mente. Para ello es necesario practicar los ejercicios de relajación junto con una visualización positiva respecto al examen y al resultado (se explican en el siguiente capítulo).

Lectura detallada

Muchos han malogrado exámenes cuando tenían los conocimientos suficientes para aprobar, la razón ha sido no interpretar bien lo que se les estaba pidiendo. Leer detenidamente el examen fijándose bien en las instrucciones es fundamental.

Creo conveniente presentar una lista de los conceptos clave que acostumbran a confundir los estudiantes en los exámenes. Es necesario conocerlos bien para contestar lo que realmente se está pidiendo.

Conceptos clave:

Comparar: Buscar semejanzas.

Contrastar: Oponer a fin de hacer surgir las diferencias.

Criticar: Emitir un juicio sobre el mérito de teorías u opiniones o sobre la verdad de los hechos, y apoyar vuestro juicio mediante una discusión de las pruebas.

Definir: Fijar el significado preciso de una palabra o frase. Mostrar que las distinciones implicadas en la definición son necesarias.

Describir: Dar una relación detallada o gráfica.

Discutir: Investigar o examinar mediante argumentos, investigaciones y debates, dando las razones a favor y en contra.

Evaluar: Hacer una apreciación sobre el valor de algo, a la luz de su verdad o utilidad. Incluid en menor grado vuestra opinión personal.

Explicar: Interpretar y aclarar.

Ilustrar: Utilizar una figura o diagrama para explicar, o aclarar con el empleo de ejemplos concretos.

Interpretar: Explicar el sentido o el significado de algo, generalmente dar también vuestro juicio propio.

Justificar: Mostrar las bases adecuadas para las decisiones o conclusiones.

Bosquejar: Dar los rasgos principales o los principios generales de algo, omitir los detalles menores y realzar la estructura y organización.

Relatar: Narrar o dar a conocer los hechos.

Relacionar: Mostrar cómo están conexionadas las cosas entre sí, y hasta qué punto son semejantes o se influyen.

Analizar: Hacer una reseña del tema desde el punto de vista crítico.

Enunciar: Presentar en forma breve y clara.

Resumir: Hacer una relación concisa de los puntos principales o de la esencia de algo, omitiendo los detalles o ejemplos.

Reconstruir: Seguir el desarrollo o historia de un tema desde un punto de origen.

Distribución del tiempo

Es fundamental hacer una distribución aproximada del tiempo que te conceden en el examen antes de comenzar a contestar. Debes tratar de asignar un tiempo aproximado para contestar cada cuestión que te presenten, evitando que se agote el tiempo del examen antes de poder responder a todas las preguntas.

Selección

Si puedes elegir, selecciona primero las preguntas que conoces con seguridad y respóndelas para pasar con más calma a las que sean menos familiares.

Esta estrategia te aportará un sentimiento de más confianza al ir viendo que la realización del examen progresa positivamente. Hacerlo al contrario podría bloquearos y generar un estado de ansiedad que acabaría dificultando las respuestas que conocéis.

Esquematizar

En los exámenes con pruebas abiertas, haz un esquema de cada respuesta para facilitar el trabajo al examinador y orientarte mejor al comprobar si están expuestas todas las ideas principales que conoces.

Cuestiones fáciles

Evita tratar con excesiva longitud las cuestiones fáciles pues te restarán tiempo para trabajar las más difíciles.

Pulcritud

Procura escribir de forma fácilmente legible, limpio y ordenado, pues cuando el examinador tiene dificultades para interpretar el examen y todo está embarullado, generalmente será más crítico a la hora de puntuar.

Repasar

Deja tiempo para repasar el examen una vez hayas terminado. Antes de hacerlo, tómate un par de minutos para cerrar los ojos, respirar profundamente y centrar la atención en cómo se relaja tu organismo. Luego lo podrás repasar con más lucidez.

Contrastar

Siempre que se pueda, es muy importante tratar de conseguir el examen corregido para poder analizar dónde se ha fallado y por qué. Esto será de inapreciable utilidad para analizar y corregir aspectos en tu sistema de estudio.

Control emocional

Un aspecto muy importante para que la mente pueda desarrollar toda su capacidad a la hora de trabajar intelectualmente es asegurar un estado ausente de tensión.

Los desafíos que enfrentamos son hoy mucho más complejos que antes. La vida se ha convertido en un proceso mucho más duro y menos natural. Vivimos en una época caracterizada por cambios cada vez más rápidos y profundos, y estamos sujetos a una serie de presiones mayores, más insistentes y más ineludibles que en otras épocas.

Todos los días nos enfrentamos con algún desafío. En el hogar, en el trabajo, en el estudio, incluso en los momentos de ocio, nos encontramos con una serie de demandas extraordinarias para nuestras mentes y nuestros cuerpos. El organismo reacciona con estrés.

El estrés es un estado de excitación gracias al cual el cuerpo reacciona ante estas exigencias. No podemos vivir sin estrés ya que estos desafíos se presentan permanentemente.

Un cierto nivel de estrés es positivo para que podamos hacer frente a las exigencias del ambiente con un buen rendimiento. Pero un exceso de estrés es poco saludable, llegando a producir diversos trastornos y enfermedades.

A menudo el cuerpo se pone inconscientemente en estado de alerta debido a nuestras propias actitudes psicológicas y emotivas ante el estrés. Emociones ante situaciones que aún no han ocurrido, como la impaciencia, la angustia, la ira y el miedo, pueden producir el mismo tipo de impulsos nerviosos y de reacciones químicas que si nos enfrentásemos a una situación real y concreta. El hipotálamo recibe los mensajes que le llegan de las diferentes partes del cerebro y comienza a preparar el cuerpo para algo que no ha ocurrido y tal vez nunca ocurra.

La respuesta del cuerpo a los desafíos y peligros se conoce como reacción de lucha o huida. Es una compleja reacción en cadena de cambios fisiológicos y bioquímicos, en la que participan el cerebro, el sistema nervioso y diversas hormonas.

La reacción de lucha o huida se atenúa cuando desaparece o se resuelve el origen del estrés. Por tanto, cuando nos enfrentamos a una situación angustiosa hemos de utilizar la energía provocada por la reacción de huida o lucha, o bien aprender a apagar el mecanismo utilizando un ejercicio o una técnica de relajación consciente. Solamente así lograremos que nuestro organismo se relaje nuevamente, a medida que el ritmo cardíaco, la presión sanguínea, el consumo de oxígeno y la tensión muscular vuelven a un nivel normal, mientras la sangre vuelve a fluir hacia los músculos, los órganos interiores y la piel. Al pasar de la excitación a la relajación los órganos del cuerpo se renuevan y vuelven a funcionar normalmente.

La relajación.

Junto con la tensión que puede producirnos las circunstancias en que vivimos, es necesario notar la importancia de las emociones negativas y su relación directa con la falta de control mental.

Por tanto, es evidente la importancia que hemos de dar a la actitud de estar atentos para mantener el equilibrio emocional, y así, poder actuar de acuerdo al propósito de nuestra voluntad. Sólo en un estado de equilibrio, los programas que tendrán preponderancia en nuestra mente serán los que realmente deseamos.

Técnicas de relajación

La relajación es la actividad más natural que existe. Los animales tienen una capacidad innata para alternar los periodos de tensión física con los periodos de relajación. Todos hemos observado cómo un gato estira sus extremidades o arquea el lomo sensualmente, o como un perro bosteza y se echa boca arriba con las patas dobladas. Tenemos mucho que aprender de la manera en que los animales relajan la tensión acumulada en sus cuerpos. Podríamos decir que en la actualidad pocas personas pueden afirmar que se sienten completamente relajadas durante la mayor parte del día. Puesto que la causa es la cantidad de tensión inconsciente que existe en nuestros cuerpos, necesitamos aprender y practicar la relajación para salvaguardar nuestro bienestar.

Para relajarnos de manera eficaz tenemos que suprimir la tensión de nuestro cuerpo y nuestra mente. En el caso ideal, dormir bien durante toda una noche debería cumplir esta función, pero no siempre se consigue un descanso suficientemente reparador. Aunque estamos relajados buena parte del tiempo que pasamos durmiendo, el sueño por sí solo no basta. Teniendo en cuenta que en la sociedad moderna se sufre un bombardeo continuo de estímulos que provocan estrés, necesitamos aprender a relajarnos conscientemente lo más a menudo posible.

Muchas personas no se dan cuenta de que en realidad están muy poco relajadas. Si pasas por alto la acumulación de tensiones y presiones en tus extremidades, articulaciones y músculos, y si no logras descargar esa tensión física cuando comienza a afectar a tu mente y tu cuerpo, empezarás a acumular gradualmente esa tensión en distintas zonas del organismo. Llevarás tus tensiones a todas partes y afectarán a todo lo que hagas.

La relajación tiene dos ventajas inmediatas. La primera es que tan pronto comiences a practicar la técnica de relajación te darás cuenta de cuáles son las partes de tu cuerpo más propensas a la rigidez y al dolor. Esto te ayudará a mantenerte alerta respecto a los factores que podrían incrementar la tensión. En segundo lugar, te sentirás mucho mejor, casi de inmediato.

La relajación consciente, a diferencia de la perezosa somnolencia que sentimos frecuentemente, consiste en aprender sistemáticamente a vaciar la mente y los músculos de tensiones y estímulos externos, a través de una serie de ejercicios.

Cuando estamos verdaderamente relajados, en nuestro organismo se producen cambios muy concretos y verificables. Estos cambios diferencian la relajación del estado de tensión. Algunos de los más significativos son los desencadenados por las dos ramas del sistema nervioso autónomo (simpática y parasimpática) que controlan funciones como las siguientes: la temperatura del cuerpo, la digestión, el ritmo cardíaco, el ritmo respiratorio, la circulación de la sangre, la presión arterial y la tensión muscular.

La actividad del cerebro proporciona una información vital sobre la intensidad de la relajación. El cerebro emite cuatro tipos de ondas diferentes, y cada una de ellas tiene su propio ritmo característico. Estas ondas son:

La onda *beta*, que es la que refleja el ritmo ordinario consciente.

La onda *delta*, presente cuando dormimos o soñamos.

La onda *theta*, que refleja un estado parecido al sueño.

La onda *alfa*, que se relaciona con el estado de relajación física profunda y de serenidad emocional, cuando la mente está tranquila pero sigue alerta y despierta.

La relajación profunda y los pensamientos positivos suscitan el predominio de las ondas *alfa* y *theta*, lo que indica un estado de armonía. Se pueden medir estas ondas con equipos electrónicos (*biofeedback*).

Entre los cambios bioquímicos desencadenados por la relajación, se ha comprobado que está el aumento de la producción de sustancias químicas que influyen en el estado de ánimo, como los neurotransmisores. Aumenta especialmente la producción de serotonina, una sustancia relacionada con la sensación de tranquilidad y alegría.

Hay diferentes técnicas de relajación, todas realmente efectivas. Acostumbran a ser una serie de ejercicios deliberadamente disciplinados y de dificultad progresiva. Naturalmente, al realizar una gama más completa, sus resultados serán mucho más notables.

Teniendo en cuenta las limitaciones de este apartado, no podemos extendernos mucho más en el tema, y sólo expondremos un ejercicio de relajación general que confiamos será de gran utilidad.

EJERCICIO DE RELAJACIÓN

EJERCICIO

Escoge un lugar tranquilo donde no puedas ser molestado. Siéntate en una silla donde puedas apoyar la espalda en el respaldo quedando en posición de ángulo recto y los brazos dejados caer sobre las piernas.

Otra posición adecuada es tendido sobre la cama con la espalda plana y totalmente apoyada, los brazos extendidos al lado del cuerpo y sin cruzar ninguna pierna.

Es conveniente hacer el ejercicio con los ojos cerrados.

Comienzas con unas cuantas respiraciones profundas. La forma de hacer una respiración profunda con la máxima influencia positiva sobre el organismo es la siguiente:

Se toma el aire por la nariz muy lentamente haciendo una respiración abdominal, o sea, permitiendo que sea el vientre el que se expanda en primer lugar, y seguir llenando los pulmones hasta su parte superior. Una vez llenos se retiene el aire durante tres segundos aproximadamente y se deja escapar muy lentamente por la boca hasta que se vacían totalmente los pulmones.

Es necesario que junto al trabajo mecánico de la respiración se una la atención para tomar conciencia de las sensaciones positivas de alivio, aflojamiento y relajación que el cuerpo está experimentando.

Simultáneamente haremos entrar en juego la imaginación, visualizando mentalmente cómo el aire entra en el organismo y se extiende por su interior a la vez que recoge toda la tensión acumulada y la elimina por la boca al salir.

Seguidamente se volverá a comenzar un nuevo ciclo, y se seguirá haciendo unas cuantas respiraciones hasta conseguir un estado de relajación general. En este estado aún nos encontraremos en un nivel de relajación superficial, pero ya notaremos la diferencia. También es posible que en este nivel se comience a tomar consciencia de efectos producidos por la tensión anteriormente acumulada que hasta ahora no percibíamos.

A continuación nos concentraremos en relajar cada miembro del cuerpo procediendo de la siguiente forma:

Centra toda tu atención en el brazo derecho visualizándolo mentalmente y tomando conciencia de las sensaciones que en este momento percibes en tu brazo. Decide aflojar todos los músculos del brazo mucho más de lo que pueden estarlo en este momento, lo haces subiendo mentalmente desde la mano hasta el hombro, percibiendo cómo esto se va produciendo hasta llegar a sentir una sensación de ligera pesadez. En este momento, puedes considerar que el brazo esta bien relajado.

Ahora te desconectas mentalmente del brazo derecho y centras tu atención en el brazo izquierdo procediendo del mismo modo para relajarlo.

Acto seguido, lo haces con la pierna derecha, relajándola desde el pie hasta la cadera y la pierna izquierda.

Luego centras tu atención en la zona del abdomen, y auxiliándote de la imaginación y la percepción, experi-

mentas una distensión total en esta zona. Igualmente lo haces con el tórax y la cabeza.

Una vez has llegado a este punto, tomas conciencia de todo tu cuerpo y "paseas" tu sentido de la percepción a todo lo largo y ancho, tratando de detectar alguna parte que pueda haber quedado sin relajar completamente. Si la encuentras, vuelves a centrar tu atención en ella, usando la imaginación y la percepción para eliminar el resto de tensión.

Disfruta ahora por unos minutos de este estado de armonía entre tu mente y tu cuerpo. Permite que en tu mente se instale alguna imagen relajante para ti, como un paisaje o una puesta de sol en la playa. Disfrútala tratando de sentir las sensaciones que experimentarías si estuvieras realmente en este escenario.

Cuando decidas dar por terminado el ejercicio, sólo tienes que volver a tomar conciencia de los miembros de tu cuerpo. Por ejemplo, piensa en tus brazos y muévelos un poco, haz lo mismo con tus piernas, con tu cabeza y ya puedes abrir los ojos. En este momento te sentirás muy bien en todos los sentidos.

El tiempo total de duración del ejercicio suele ser de unos quince minutos.

La persona que hace este ejercicio de forma regular neutraliza diariamente la acumulación de tensión propia de las presiones que el ambiente puede ejercerle y disfruta de un estado óptimo para desarrollar el trabajo intelectual.

Un ejemplo de aplicación muy útil y efectiva es usar este sistema para neutralizar la ansiedad que pueda producirnos una situación a la que tenemos que enfrentarnos. Imaginemos que se trata de un examen. Sólo el pensarlo nos produce un estado de tensión. La causa de esto es que en nuestra mente hay una representación mental negativa sobre esta situación. Nuestros pensamientos respecto a nuestros conocimientos o capacidades, o quizá el imaginarnos las consecuencias de no aprobar son en un tono negativo, y esto dispara el estado de ansiedad. Para cambiar este estado de ansiedad, es necesario que cambiemos nuestros pensamientos.

Una forma muy eficaz de conseguirlo, es la siguiente:

EJERCICIO

EJERCICIO DE FE PRÁCTICA

Realizamos el ejercicio anterior hasta encontrarnos en un estado de completa relajación. En este momento, "viviremos" en nuestra mente una experiencia positiva sobre la situación. Por ejemplo, imagínate cómo serían las cosas si Dios te "echa una mano". Piensa que Él te ama y te ayuda, sus promesas son tuyas, para que tú las grabes en tu mente y sientas la paz de su cuidado y su obra en ti. Vive en tu mente una y otra vez los acontecimientos en positivo hasta que sientas paz y confianza total.

Haciéndolo así, estarás realizando a nivel espiritual un ejercicio de fe práctica, y a nivel psicológico desbloquearás tu mente para que pueda dar de sí todo lo mejor que posee.

La autoconfianza

Otro de los aspectos psicológicos fundamentales es, sin duda alguna, la confianza en las propias capacidades. Las personas que sufren inseguridad se hallan muy mermadas a la hora de afrontar cualquier circunstancia o tarea. Al hacerlo, empiezan a tener pensamientos negativos respecto a sí mismos para realizar la tarea requerida, y están casi convencidas de que no obtendrán un buen resultado. Acostumbran a hacer mucho énfasis en los aspectos más difíciles o complicados de la situación, y suelen exagerarlos para demostrarse a sí mismos y a los demás que aquella empresa es imposible.

Es realmente impresionante ver lo opuestos que son los caminos que pertenecen a la confianza y al temor. El encontrarse avanzando en uno u otro de estos dos caminos, sólo depende de cuál sea el pensamiento o representación mental respecto a una determinada situación, el resto se irá desencadenando sucesivamente precipitando a la persona irremediablemente hacia el éxito o el fracaso.

Desarrollo de la autoconfianza

A continuación se presentan unas sugerencias prácticas para aplicarlas de forma integral a nuestro sistema de pensamiento y progresar en el desarrollo de esta facultad.

Detectar el tipo de pensamientos que están tomando posesión de nuestra mente.

Todos aquellos pensamientos que son constructivos, que contribuyen a estabilizar el ánimo y potenciar a la persona, son pensamientos dignos de ocupar nuestra mente, porque van a ser fabricantes de bien para nosotros y los que nos rodean, no así los que vayan en dirección contraria. Estos serían nuestros peores enemigos.

Observa los sentimientos que experimentas

Como hemos visto anteriormente, los pensamientos y representaciones mentales producen unos sentimientos, y el observar el tipo de sentimientos que experimentamos nos ayudará a identificar la calidad de nuestros pensamientos.

Cuando sentimos desánimo, frustración, tristeza, temor, angustia, tensión, ira, etc., se debilita nuestra estructura mental. Localiza, descubre, identifica la raíz de estas emociones y comprobarás que corresponden a un conjunto de pensamientos negativos.

Centra la atención en una nueva perspectiva de la situación

Luchar directamente contra los pensamientos negativos puede

no dar buenos resultados, sino que en muchos casos aún se refuerzan más. Una estrategia más efectiva consiste en crear una nueva representación mental positiva y familiarizarse con ella, viviéndola interiormente muchas veces hasta que nuestros sentimientos negativos se trasformen en sentimientos positivos de paz, seguridad, alegría, ánimo, etc.

Trae a tu memoria tus logros

Todos aquellos éxitos y buenas experiencias que tienes en tu vida no las dejes en el saco del olvido. Allí no van a ser de ninguna utilidad. Tráelos a tu memoria con frecuencia, sobre todo cuando te encuentres en circunstancias similares a otras que resultaron exitosamente. Valora tu bagaje personal de experiencias positivas para que contribuya al desarrollo de tu autoconfianza.

Sigue su plan progresivo

Si tu confianza aún es débil, debes seguir un proceso de dificultad progresiva en el que empieces enfrentándote a tareas o situaciones de poca dificultad en las que puedas preparar tu mente con una actitud positiva sin demasiado esfuerzo. Una vez resuelvas la situación exitosamente, felicítate por tu competencia y graba este éxito en tu mente como punto de referencia para enfrentarte a una próxima situación algo más comprometida. No dejes sin terminar ninguna tarea que te propongas, no permitas que el temor u otros pensamientos negativos ganen la partida minando tu autoconfianza.

La motivación

Psicológicamente hablando, la motivación es uno de los factores determinantes en la conducta. Este factor es responsable del nivel de activación, la intensidad y la consistencia, así como la dirección general de la conducta.

Las personas se mueven al contrario que los aviones a reacción,

éstos avanzan empujados por la fuerza de sus motores, en cambio, las personas se mueven hacia los objetivos que les atraen.

A nuestro alrededor encontraremos muchas personas que son empujadas a avanzar, es como si arrastrasen un peso muerto. Muchos padres hablan así de sus hijos, muchos responsables lo sufren de sus colaboradores. El *quid* de la cuestión es que no están motivados. Cuando una persona está motivada por algo es como si levantara el vuelo por sí misma. Nadie tiene que empujarla, sobran los argumentos, los chantajes, las presiones y las amenazas. Sencillamente hay algo que le atrae y se mueve hacia ello.

Si no hay motivación para la superación personal y el crecimiento intelectual, la persona ejerce una resistencia muy fuerte, sus facultades parecen cerrarse, y aun poniéndola en las mejores condiciones su rendimiento es ínfimo. Así podemos encontrarnos adolescentes que son incapaces de memorizar un párrafo del libro de texto y recuerdan perfectamente grandes cantidades de información sobre los equipos de la liga de fútbol, o cualquier otro tema que realmente les interesa.

Sí, el interés tiene que ver con la Motivación, y ésta con la activación de las capacidades que toda persona posee, que generalmente son muchas más de las que ella cree que tiene.

Ante una tarea a realizar, o un camino a recorrer, uno de los factores que marcarán una realidad diferencial entre dos personas será su nivel de motivación.

Desarrollo de la motivación

Después de haber tomado conciencia de esta característica tan determinante, presentaremos algunas sugerencias prácticas para activar la Motivación.

Quede claro que nunca por la vía de las presiones se conseguirá motivar a nadie, si acaso, lo que se puede producir es el efecto contrario: que la persona sea atraída por aquello de lo que deseamos alejarla.

Lo mejor no es tratar de obligar a nadie a hacer determinadas cosas, sino conseguir que DESEE hacerlas. Uno puede asentir exteriormente, pero si interiormente discrepa, aprovechará la primera oportunidad para echarlo todo a rodar.

De la misma forma que las personas tenemos unas necesidades fisiológicas básicas, también las tenemos en el nivel psicológico. El tratar de satisfacer estas necesidades es el motivo que nos impulsa a hacer la mayoría de cosas en nuestra vida. En otras palabras, es la esencia de la motivación.

Sentirse amado, sentirse valorado, sentirse útil y sentirse seguro, son cuatro de las necesidades psicológicas más importantes del ser humano. Siempre que estemos tratando de dar satisfacción a estas necesidades naturales estaremos en sintonía con lo que es esencial en nosotros.

Cuando un niño trabaja y se esfuerza en la escuela y lo hace por alguno o varios de estos cuatro motivos, no es necesario que padres y profesores estén constantemente encima de él empujándole para que haga sus deberes.

En la persona hay una tendencia esencial al hedonismo (consecución del placer). En todas aquellas cosas que la persona hace por sí misma, generalmente, de una forma más consciente o inconsciente, necesita sentir un placer. Está demostrado que todas aquellas conductas que reportan una determinada satisfacción para una persona tienden a repetirse, mientras que las que generan emociones contrarias tienden a evitarse.

Entre aquellas cosas que nos motivan a seguir potenciando determinadas conductas están:

- Los sentimientos de afecto que despertamos en las personas que se relacionan con nosotros.

- El reconocimiento y estímulo recibido por nuestro esfuerzo de aquellas personas que son significativas para nosotros.

- La sensación de control o dominio de la actividad que estamos realizando.

- La tranquilidad que sentimos cuando nos sabemos a salvo de lo que tememos.

La motivación es una fuerza interior que nace y que puede extinguirse si no se alimenta. Si la alimentamos, se desarrolla y sigue activando y potenciando todas las posibilidades de la persona y la relación que ésta tiene con su entorno.

Centrar la atención con frecuencia en los sentimientos, o representaciones mentales que producen los sentimientos anteriormente mencionados, refuerza los estados internos de motivación.

Cualquier actividad, en general, puede resultar un trabajo muy pesado o un placer. Dependerá en último caso del nivel de motivación que se tenga para realizarla.

Su aprovechamiento personal puede ir del 0% al 100%. Dependerá del interés que despierte en la persona. Este interés es el responsable de que la mente se convierta en un elemento receptivo e interactivo. Y en este estado, su aprovechamiento y rendimiento es máximo.

El éxito es tuyo

Se cuenta que había un monje que paseaba con uno de sus discípulos por la orilla del río Ganges. El discípulo aprovechaba para hacerle muchas preguntas que le inquietaban, a las que el monje les iba dando sabias respuestas. En un momento de la conversación el discípulo le hizo una pregunta muy interesante:

—Maestro, ¿cómo puedo conseguir la iluminación?

El maestro decidió no contestarle de palabra, sino hacerlo de forma práctica. Así que, entraron en el río hasta que el agua llegó a sus rodillas. El maestro le pidió al discípulo que se arrodillara y metiera la cabeza dentro del agua. Al hacerlo, el maestro con su mano se la sujetó de forma que no la pudiera sacar del agua. Pasados unos cuantos segundos el discípulo intentó levantar la cabeza, pues empezaba a faltarle el aire. Pero el maestro aun con más firmeza le sujetó la cabeza para que no pudiera levantarla. Al cabo de unos segundos más comenzó un forcejeo entre el discípulo y el maestro que por parte del primero rayaba la desesperación. No sólo intentaba levantar la cabeza, sino que luchaba con sus brazos y piernas para salir del agua.

Cuando el maestro consideró que el discípulo había llegado al límite de su resistencia, retiró sus manos y le permitió que se incorporara. El discípulo estaba jadeante, y en cuanto pudo le dijo:

—¿Por qué me ha hecho esto, maestro? ¿Acaso quería ahogarme?

El maestro le contestó con otra pregunta:

—Cuando estabas con la cabeza metida dentro del agua, ¿qué era lo que más deseabas?

—Respirar—, contestó el discípulo.

—Pues cuando desees de igual forma la iluminación, también la conseguirás—, concluyó el maestro.

A través de la lectura de este libro hemos efectuado un recorrido por una serie de aspectos relacionados con el aprendizaje y las facultades mentales. El objetivo que ha inspirado este trabajo ha sido dotar al lector de medios adecuados para mejorar su rendimiento intelectual, esto es, sacarle mucho más partido a este tesoro llamado Mente.

Como se decía en el primer capítulo, el ser poseedores de un órgano tan maravilloso como el cerebro no nos garantiza beneficiarnos ampliamente de sus posibilidades. Así, igual que ocurre con los usuarios de las computadoras personales, las posibilidades de la máquina suelen ser usadas parcialmente.

Si comparamos nuestro cerebro a una computadora, la mente correspondería a los programas que contienen las rutinas y manejan la información. Si lo programas son los adecuados para cada tarea que debe realizar la computadora y, a su vez funcionan correctamente, los resultados serán eficientes y eficaces.

Por este motivo, antes de terminar, deseo que tomes conciencia sobre un aspecto muy importante: El libro en sí mismo es sólo un instrumento para ayudar a cualquiera a desarrollar sus facultades mentales y enriquecerse intelectualmente. Lo que el libro pueda llegar a significar para cada uno de los lectores no depende de su contenido solamente, sino, en su mayor parte, de lo que cada cual haga con él. Para unos puede ser un texto entretenido, para otros interesante, pero, para los más afortunados, será trascendente. Marcará un antes y un después. En la medida que produzca un efecto de cambio en los hábitos de procesamiento mental el libro tendrá valor de trascendencia.

Hay quien lee y no entiende, quien escucha y no comprende, quien comprende pero no retiene y ni siquiera puede aplicar lo que se ha esforzado por aprender. El crecimiento intelectual se realiza de forma acumulativa, de modo que los nuevos conocimientos pueden asimilarse cuando se conectan adecuadamente con los que ya se poseen y juntos te preparan para recibir otros conocimientos más complejos. En definitiva, un proceso de crecimiento interior que te convierte en una persona más preparada, más competente y más sabia.

Te animo a que lo pongas a prueba. No juzgues los principios que se te han expuesto de forma superficial, pruébalos. Al principio, cambiar un hábito establecido cuesta un esfuerzo. La nueva técnica que tratarás de incorporar a tu propio sistema puede no darte el resultado deseado, quizás te resulte más lenta y laboriosa, pero insiste, muy pronto empezarás a ver los resultados y podrás comprobar que existe una gran diferencia entre el nivel que te encontrabas y el que has adquirido.

Por ejemplo, hay personas que su vocabulario personal es muy reducido. Esto les dificulta enormemente la comprensión de los temas y les hace inasequibles los matices que se transmiten en una exposición que usa un vocabulario rico. Cuando estas personas toman el compromiso personal de leer con la compañía de un diccionario, al principio tendrán que hacer muchas interrupciones en su lectura y luchar contra la pereza de buscar en el diccionario los términos que no conocen. Pero a cambio, su capacidad de comprensión aumentará notablemente y progresivamente disminuirá el número de veces que tengan que usar el diccionario. Su lectura podrá aumentar en velocidad y su expresión personal será más rica.

Por tanto, concédete la oportunidad de que este libro pueda marcar un hito en tu vida. Ahora empieza tu parte: graba en tu mente una imagen de ti mismo con tus facultades mentales desarrolladas en la medida que te gustaría y, empieza a trabajar, insiste y disfrútalo. Ya me contarás.

EDUCAR SIN MALTRATAR
David Solá

192 págs., 16 x 23 cm.
ISBN 84-89984-04-2

Educar sin maltratar es un arte que pocos padres consiguen dominar. Pero como ocurre con otras artes, hay que aprender sus métodos y sus técnicas.
Este libro trata de dar una visión amplia y eficiente de cómo educar a los hijos ofreciendo a los padres una guía útil para convertir la aventura de la educación en una experiencia apasionante, enriquecedora y altamente satisfactoria

HABLEMOS TÚ Y YO
Fernando Campillo

144 págs., 16 x 23 cm.
ISBN 84-89984-21-2

¿Existe el matrimonio perfecto? ¿Cuáles son las diferencias entre el hombre y la mujer? ¿Qué ocurre cuando falta el respeto en la vida conyugal? ¿Dónde está el romanticismo en el matrimonio? ¿Es posible el equilibrio económico en el hogar?... Muchas preguntas como éstas hallan respuesta entre las páginas de este libro. Su propósito es levantar puentes de amor en la relación matrimonial.

LA MENOPAUSIA, ¡VÍVELA!
Ester Martínez Vera

136 págs., 16 x 23 cm.
ISBN 84-89984-22-0

ESTER MARTÍNEZ da respuestas a muchas de las sensaciones y preguntas que experimenta la mujer antes y durante las fases siguientes en este proceso natural que han de atravesar todas las mujeres, normalmente, entre los 45 y 55 años de edad. Desgrana las distintas emociones y liberaciones que supone la nueva vida, y lo confronta con el disfrute de un mundo emocional y espiritual enriquecedor para la mujer y para los que conviven con ella.

www.recursosediciones.com
www.todoebook.com/recursos

EL LIBRO DEL ABUELO
El ramo de patilas. Vol. 1
Pedro Gelabert
ISBN: 84-89984-11-5 (vol. 1)
160 págs., 16 x 23 cm.

EL RAMO DE PATILAS es una trilogía. **EL LIBRO DEL ABUELO** gira alrededor del valor de un Libro para tres generaciones de una misma familia. El protagonista descubre la magia de ese Libro de manos de su abuelo quien lo pierde en un bosque. A partir de esta anécdota argumental, el autor despliega una gran fantasía, que atrapará tanto a jóvenes como a adultos.

HUMOR RELIGIOSAMENTE SANO
Antonio Gómez Carrasco

ISBN: 84-89984-24-7
156 págs., 14 x 21 cm

Es un ANECDOTARIO sobre experiencias vividas en España y en otros países dentro de comunidades evangélicas. Más de 300 de historias verídicas relatadas con un fino humor andaluz de la mano de Antonio Gómez, pastor de la Iglesia Bautista de Córdoba. Una práctica herramienta para usar en cualquier comunica-ción creativa, pero sobre todo, un deleite para la lectura personal.

CONOZCA NUESTRAS COLECCIONES

PUENTES DE AMOR. *Diseñada para tratar las relaciones en la pareja y en la familia.*

CALIDAD DE VIDA. *Ideas prácticas sobre el desarrollo integral de la persona.*

DIOS Y YO. *Libros para la educación básica de la fe cristiana.*

ColecciónARTE. *Obras de teatro, poesía y arte en general.*

PRÁCTICA. *Herramientas de trabajo en la comunicación y formación.*

ENSAYOS PARA HOY. *Obras de reflexión, análisis sociales, retos contemporáneos...*

FICCIÓN INTERACTIVA. *Obras de ficción para el público infantil y juvenil*

TESTIMONIOS DE VIDA. *Breves biografías y testimonios*

HISTORIA APARTE. *Narraciones históricas.*

204

Otros títulos de

NUESTRAS RAÍCES. Pineros del protestantismo en la España del siglo XIX, Rafael Arencón Edo, 160 pág.

EL CRISTIANO Y LA MENTE, David Solá, 272 pág.

MI RELACIÓN CON DIOS, Fernando Campillo, 144 pág.

GUÍA ÉTICA PARA EL HOMBRE DE HOY, Roberto Velert, 160 pág.

UN MINUTO CON DIOS, Fernando Campillo, 400 pág.

JESÚS, UNA VIDA POR DESCUBRIR, Textos escogidos de los Evangelios, 128 pág.

NAVIDAD EN ESCENA, Fernando Campillo, 172 pág.

CÓMO SER CRISTIANOS SIN ESTAR COMPROMETIDOS, Pedro Gelabert, 96 pág.

SERVIDOR DE USTEDES, Pedro Gelabert, 96 pág.

VERDADES ETERNAS A TRAVÉS DEL TEATRO, Fernando Campillo, 176 pág.

CÁRCEL Y FE DE FRAY LUIS DE LEÓN, Miguel Valbuena, 128 pág.

EL SENTIDO DE LA VIDA, Dr. José M. González Campa, 156 pág.

SERVICIO AL LECTOR

Apreciado lector:

Agradecemos su interés en la lectura de este libro y esperamos que haya sido de su plena satisfacción.

Nuestro propósito editorial es que el contenido de este libro sea útil y práctico en su vida personal.

Si desea estar al corriente de nuestras Novedades editoriales, pueden remitirnos esta página directamente a nuestro **SERVICIO AL LECTOR**. También apreciaremos sus comentarios sobre esta obra, o bien rellenar las casillas abajo indicadas.

Una vez desprendida la hoja o fotocopiada envíela a:

RECURSOS EDICIONES
Servicio al lector
Apdo. 23022
08080 BARCELONA (España)

o a nuestros servicios electrónicos:

info@recursosediciones.com

www.recursosediciones.com
www.todoebook.com/recursos

☐ Estoy interesado/a en recibir, sin ningún compromiso por mi parte, más material informativo acerca de sus libros.

☐ Quisiera recibir contra pago de VISA o reembolso los libros indicados en el dorso.

Nombre .... Edad ....

Dirección ....

Código Postal .... Ciudad ....

Estado .... País: ....

Teléfono .... E-mail ....

El libro lo adquirí en la Librería ....

Dirección .... País ....

Fecha:

(Cortar y enviar)